Kunst-Reiseführer in der Reihe DuMont Dokumente

Zur schnellen Orientierung die wichtigsten Burgen, Schlösser, Kirchen und Städte auf einen Blick:

(Auszug aus dem ausführlichen Ortsregister S. 209)

In der vorderen Umschlagklappe: Übersichtskarte von Luxemburg

In der hinteren Umschlagklappe: Zeittafel zur Geschichte Luxemburgs

Ansicht von Clervaux mit Burg. Lithographie von A. Cassagne, nach einer Zeichnung von J.-B. Fresez, veröffentlicht 1857 in Paris. Luxemburg, Bibliothèque Nationale

Udo Moll

Luxemburg

Entdeckungsfahrten zu den Burgen, Schlössern, Kirchen und Städten des Großherzogtums

DuMont Buchverlag Köln

Umschlagabbildung Vorderseite: Ruine von Burg Beaufort

Umschlagabbildung Rückseite: Blick auf Echternach

Umschlaginnenklappe vorn: Die Klause bei Hachiville (Helzingen)

2. Auflage 1989

Satz und Druck: Rasch, Bramsche
Buchbinderische Verarbeitung: Bramscher Buchbinder Betriebe

Printed in Germany ISBN 3-7701-1342-X

Inhalt

Einführung

Das Großherzogtum Luxemburg gehört mit 2536 km^2 zu den kleinsten Ländern der Welt. Zum Vergleich: Das Saarland ist 2569 km^2 groß. Das Staatsgebiet mißt von Norden nach Süden rund 82 km und von Osten nach Westen etwa 56 km. Dennoch kennzeichnen das Land zwei sehr unterschiedlich aufgebaute Großlandschaften. Der *Ösling* genannte Norden des Landes, in etwa jenseits der Linie Diekirch – Rindschleiden, gehört zur Eifel, einem Teil des Rheinischen Schiefergebirges. Der Süden hingegen, das sogenannte *Gutland* (französisch *Pays Gaumais*), ist ein Teil des Lothringer Schichtstufenlandes, dessen mesozoische Sedimente bis an die Ränder von Eifel und Ardennen reichen. Die Gesteinsschichten sind nur schwach geneigt, und der höchste Punkt dieser von malerischen, tief eingeschnittenen Tälern abwechslungsreich gegliederten Landschaft liegt 439 m ü. d. M. Das Ösling, eine ausgedehnte Rumpffläche, ebenfalls von tiefen Tälern durchzogen, ist dagegen im Durchschnitt um mehr als 100 m höher (bis 559 m ü. d. M.).

Klima und Böden

Aufgrund seiner Entfernung vom Meer besitzt Luxemburg ein relativ kontinentales Klima – zumindest im Vergleich zu seinem Nachbarn Belgien. Die jahreszeitliche Schwankung der Lufttemperatur zwischen dem kältesten Monat Januar (Mitteltemperatur –0,2 °C) und dem wärmsten Monat Juli (Mitteltemperatur 17,3 °C) beträgt immerhin rund 17 °C. Trotz der geringen Größe des Landes gibt es klimatische Abstufungen zwischen dem Ösling und dem Gutland, die auf die unterschiedliche Höhenlage der beiden Gebiete zurückzuführen sind.

Das Ösling ist niederschlagsreicher als das Gutland, und die durchschnittlichen Temperaturen liegen hier etwas niedriger. Dementsprechend sind die klimatischen Bedingungen im Ösling für die landwirtschaftliche Nutzung weniger günstig als im Gutland. Ähnliches gilt für die Böden, die auf dem meist kalkhaltigen Gesteinsuntergrund des Gutlandes weitaus nährstoffreicher und leichter zu bearbeiten sind als im Ösling, der mit der Eifel zu vergleichen ist.

Ansicht von Luxemburg, Mitte 19. Jahrhundert. Holzstich von Bertrand nach einer Zeichnung von Katow. Luxemburg, Bibliothèque Nationale ▷

Pflanzen

Luxemburg gehört eigentlich, seinem relativ kontinentalen Klima entsprechend, zum mitteleuropäischen Florengebiet. Aufgrund seiner Höhenlage besitzt das Ösling jedoch trotzdem zahlreiche atlantische Florenelemente, so z. B. Stechpalme, Efeu, Englischer Ginster, Fingerhut und Glockenheide. Im Gutland kommen dagegen auch von Südosten vorgedrungene Arten der pontischen Flora, wie etwa Küchenschelle und Mannstreu, vor. Sogar mediterraner Herkunft ist der Edelgamander. Das natürliche Waldkleid des Öslings, soweit noch vorhanden, besteht aus Eichen und Rotbuchen. Im Gutland sind es Eichen-Hainbuchen-Bestände.

Geschichte und Politik

Als Grenzland zwischen deutschem und französischem Kulturraum hat das Gebiet des heutigen Großherzogtums im Lauf von etwa fünf Jahrhunderten sehr häufig seine Besitzer gewechselt. Deutsche und französische Interessen haben sich hier von jeher gegenübergestanden, und beinahe unzählige Kriege fegten über das Land hinweg. Trotzdem verlief die Zeit von 963 – dem Jahr der Gründung Luxemburgs (Lützelburg) durch den Ardennergrafen Sigfrid – bis 1442 verhältnismäßig ruhig. Die Grafen, später Herzöge von Luxemburg, waren zunächst mächtige Herren, die ihr Territorium ständig vergrößerten. Drei von ihnen bestiegen sogar den deutschen Kaiserthron. Heinrich VII., Karl IV. und dessen Sohn Wenzel. Aber 1443 war es mit der Selbständigkeit des Herzogtums vorbei. Es war zuvor bereits zum Pfandobjekt fremder Herren geworden, und schließlich bemächtigten sich die Burgunder unter Philipp dem Guten des Landes. 1477 fiel es dann an die Habsburger. Zwischen 1555 und 1814 gehörte Luxemburg abwechselnd zu den spanischen Niederlanden, zu Frankreich, Österreich und abermals Frankreich. 1815 begann mit dem Wiener Kongreß der Prozeß der Unabhängigkeit. 1839 erhielt das Großherzogtum im Londoner Vertrag die politische Unabhängigkeit, deren 150. Jahrestag das Land 1989 feierte. Die folgenden Jahre brachten die Lösung des Großherzogtums von den Niederlanden, und 1867 wurde es zum unabhängigen, neutralen Staat zwischen den Hegemonialmächten Frankreich und Deutschland.

In beiden Weltkriegen wurde das Großherzogtum von deutschen Truppen besetzt. Seine wehrfähigen Männer wurden während des Dritten Reichs sogar zwangsweise von der deutschen Wehrmacht zum Kriegsdienst eingezogen. Nach der Befreiung durch die Amerikaner 1944/45 gründete Luxemburg zusammen mit Belgien und 1945 den Niederlanden die Benelux-Wirtschaftsunion. 1952 erfolgte die Gründung der Montanunion, und Luxemburg-Stadt wurde Sitz der Hohen

Karl IV., Deutscher Kaiser, König von Böhmen und Herzog von Luxemburg (1347–1378)

Wenzel, König von Böhmen, Herzog von Luxemburg und Graf von Chiny (1383–1400)

Behörde. Heute ist Luxemburg eine »Europastadt«, in der der Gerichtshof der EG, die Europäische Investitionsbank, das Generalsekretariat des Europa-Parlaments, der Europäische Währungsfond und der Europäische Rechnungshof ihren Sitz haben.

Bevölkerung

Das Land liegt weitestgehend auf der deutschsprachigen Seite der Berührungszone zwischen romanischem und germanischem Volkstum, die sich weiter nördlich quer durch Belgien bis nach Französisch-Flandern fortsetzt. Die französisch-deutsche Sprachgrenze verläuft im Nordwesten Luxemburgs entlang der Staatsgrenze zu Belgien, weicht bei Arlon westlich auf belgisches Gebiet zurück und berührt zwischen Athem und Esch-sur-Alzette an einigen Stellen luxemburgisches Territorium.

Die Umgangssprache im Großherzogtum ist hauptsächlich Letzeburgisch, ein Zweig des Moselfränkischen, das auch um Arlon (Arel) in Belgisch-Luxemburg zum Teil noch gesprochen wird. Seit 1984 ist sie »nationale Sprache«, ein wichtiges Element der luxemburgischen Identität. In Verwaltungsangelegenheiten sind Französisch und Deutsch die üblichen Sprachen, so daß Mehrsprachigkeit die Regel ist.

Die größte Bevölkerungsgruppe des Staates Luxemburg sind die rund 273 000 Luxemburger; hinzu kommen etwa 97 000 Ausländer, die rund ein Viertel der Gesamtbevölkerung und fast ein Drittel der Erwerbstätigen ausmachen. Die meisten von ihnen leben in der Hauptstadt Luxemburg und im Industrierevier des südlichen Landesteils. Sie kommen aus Portugal, Italien, Frankreich, Spanien, Belgien und der Bundesrepublik Deutschland.

Luxemburg besitzt eine sehr niedrige Geburtenziffer (rund 11 ‰) und aufgrund der kopflastigen Alterspyramide der Bevölkerung eine ebenfalls hohe Sterberate (11 ‰). Daraus resultiert eine Stagnation des Bevölkerungswachstums. Wenn die Geburtenrate der ausländischen Mitbürger nicht ziemlich hoch wäre, ergäbe sich sogar eine rapide Bevölkerungsabnahme.

Die durchschnittliche Bevölkerungsdichte des Landes beträgt etwa 139 Einwohner pro km^2. Auf die Hauptstadt und den hochindustrialisierten Kanton Esch, die zusammen nur 18 % der Staatsfläche einnehmen, entfallen jedoch allein 63 % der Gesamtbevölkerung, so daß hier erheblich höhere Dichtewerte (mehr als 400 Einwohner/km^2) erreicht werden als in den übrigen Landesteilen. Im übrigen Gutland wohnen nur noch zwischen 75–100 Einwohner pro km^2, und im nördlich anschließenden Ösling sinkt dieser Wert auf teilweise weniger als 50 Einwohner pro km^2 ab. Dieses starke Bevölkerungsgefälle von der Stadt zum Land kann auf Reisen sehr deutlich beobachtet werden.

Wirtschaft

Das Großherzogtum Luxemburg war lange Zeit ein Agrarland, denn die Entwicklung zum Industriestaat setzte erst gegen Ende des 19. Jahrhunderts ein. Heute beträgt jedoch der Anteil der in der Landwirtschaft tätigen Erwerbspersonen nur noch 4 %.

Fast 85 % der gesamten landwirtschaftlichen Nutzfläche dienen der Viehzucht. Aufgrund der natürlichen Gegebenheiten ist die Zunahme des Grünlandes im benachteiligten Ösling erheblich stärker als im südlich anschließenden Gutland, wo der Anbau von Futtermitteln noch eine größere Rolle spielt. Neben der Viehzucht ist nur noch der Weinbau im Moseltal ein nennenswerter landwirtschaftlicher Produktionszweig. Die durchschnittliche Jahresproduktion beträgt rund 135 000 hl.

Bemerkenswert ist der intensive Mechanisierungsgrad der luxemburgischen Landwirtschaft, ein Zeichen für den hohen Entwicklungsstand der Volkswirtschaft. Entsprechend sind auch die Produktionszahlen gestiegen, so daß heute in weiten Bereichen die Selbstversorgung der Bevölkerung mit Nahrungsmitteln gewährleistet ist.

Eine nicht unbedeutende Rolle spielt auch die Forstwirtschaft; besonders das Ösling ist zu einem großen Teil dicht bewaldet. Die Waldgebiete umfassen insgesamt etwa 90 000 ha. Mehr als die Hälfte, nämlich 50 000 ha, entfallen auf Laubwald, und 31 000 ha sind Misch- und schnellwachsender Nadelwald.

Bergbau und Industrie

Die Schwerindustrie war bis in die 70er Jahre die Basis des Wirtschaftsgefüges. Ihre Entwicklung setzte erst gegen Ende des 19. Jahrhunderts ein. Das völlige Fehlen von Brennstofflagerstätten wirkte sich zunächst als Hemmnis aus. Importkohle konnte erst nach dem Aufbau des Eisenbahnnetzes kostengünstig eingeführt werden. Die Verhüttung der einheimischen Eisenerzvorkommen (Minette), die zu den größten europäischen Lagerstätten gehören, war erst nach der Erfindung des Thomas-Verfahrens möglich geworden. Aufgrund des wirtschaftlichen Anschlusses an das Deutsche Reich (Zollverein 1843–1919) stand dann das notwendige Startkapital zur Verfügung, um den Rückstand gegenüber den traditionellen Industrieländern rasch einzuholen. Es kam zur Gründung der ARBED (Aciéries Réunies Burbach-Esch-Dudelange), die binnen kürzester Zeit zum größten Arbeitgeber und zum umsatz- und ertragsstärksten Unternehmen des Großherzogtums aufstieg und Luxemburg zusammen mit der SMMR (Sociéte Minière et Métallurgique de Rodange) zu einem international bedeutenden Eisen- und Stahlproduzenten machte. Die Standorte der Stahl- und Walzwerke mit ihren Hochöfen liegen ausschließlich im Süden des Landes um Esch. Die weltweite Krise der Eisen- und Stahlindustrie ging auch an Luxemburg nicht vorbei: Der Erzbergbau wurde 1982 eingestellt, da man nur noch Importerze verhüttet. Stahlerzeugung und Belegschaft wurden bis zur Mitte der 80er Jahre fast halbiert.

Ansicht und Plan
von Luxemburg.
Kupferstich von
Gérard Jollain.
Paris um 1670/75.
Luxemburg,
Bibliothèque Nationale

rmum ac pulcherri:
lchrum cœnobium
.. in hoc oppido
ceptatur autem
. in isto Ducatu
stri necessum est
t muniunt a
n 9063 dignitate

LUXEMBOURG, Ville Capitalle du Duché du mesme Nom, est Située en vne fort belle assieste, elle est dvn grand circuit reuestue de bonnes murailles, et enrichie de plusieurs beaux edifices. Cestè ville qui portoit autrefois le nom de Conté fut orneë de la dignité de Duché par Lempereur Charles quatriesme, Prince de Luxembourg enuiron lan 1346. Son Eglise Cathedralle est dediée a St. Nicolas, lon voit la vn tres beau monastere des freres Mineurs, que lon tient auoir esté bati du viuant de St. Francois ; en cette Eglise est le magnifique tombeau de Jean de Luxembourg Roy de Boheme, fils de lempereur Henry VII. qui fut tué en la guerre contre les Anglois en 1348. le Conseil de la Prouince reside ordinairement dans cette ville. il est composé dvn Presidant, des Conseillers et dautres officiers. La Justice sy rend en Allemand et en Francois, parcequil ya quelques villes de ce Duché ou lon parle Francois, Les appels vont au parlement de Malines. cette Ville s'est Souuant veue le theatre de la guerre, et la Proye de ses Ennemis.

A Paris Chez Jollain rüe St. Jacques a la Ville de Cologne

66

Im Jahr 1962 wurde in Luxemburg ein Gesetz für industrielle Entwicklung verabschiedet. Man wollte sich von der einseitig auf die Eisen- und Stahlherstellung ausgerichteten Wirtschaftsstruktur schrittweise lösen, um die Krisenanfälligkeit zu verringern. Es gelang, bis 1986 ca. 145 Unternehmen anzusiedeln, davon 130 Industrieunternehmen mit ungefähr 10000 Beschäftigten. Größtes Unternehmen ist heute die bereits im Jahre 1955 mit Sondermitteln geförderte Reifenfabrik von Goodyear in Colmar-Berg mit 4000 Beschäftigten. Der Ausbau der chemischen Industrie, der Elektroindustrie und der Metallverarbeitung konnte bei Niedergang der Eisen- und Stahlindustrie den sekundären Sektor insgesamt retten.

Der mit der hohen Industriedichte zusammenhängende Wohlstand des Landes wird zu einem nicht unerheblichen Teil auch von den ausländischen Arbeitnehmern getragen, von denen rund 78% ihren Wohnsitz in der Hauptstadt Luxemburg und im industriereichen Süden des Landes haben. Hinzu kommen noch mehrere tausend Grenzgänger aus Belgien, Frankreich und der Bundesrepublik Deutschland.

Verkehr, Außenhandel, Dienstleistungen

Die Verkehrserschließung Luxemburgs ist, verglichen mit anderen europäischen Ländern, noch relativ jung. Die erste Eisenbahnlinie wurde erst 1859 eröffnet, und neun Jahre später folgte die Anbindung an die Schienennetze der Nachbarländer als Grundvoraussetzung für die Industrialisierung. Seit 1965 ist Luxemburg durch den Hafen von Mertert an der Mosel auch an das europäische Binnenwasserstraßennetz angeschlossen. 85% des fast 1,5 Mio. t umfassenden Warenumschlags sind Massengüter für die Versorgung der Eisenhüttenindustrie.

Das Straßennetz des Landes ist rund 5000 km lang. Von der Hauptstadt führen gut ausgebaute Nationalstraßen und Autobahnen zu den Fernverkehrsstraßen der drei Nachbarländer Belgien, Frankreich und Bundesrepublik Deutschland.

Nach dem Wert der Ausfuhren führen eindeutig Metalle und Metallerzeugnisse (50%), gefolgt von chemischen und Kunststofferzeugnissen (20%) sowie Maschinen, Apparaturen und Textilerzeugnissen. Fast 90% aller Waren werden in die anderen EG-Länder ausgeführt.

Der Dienstleistungssektor mit den Bereichen Handel, Gaststätten und Hotels, mit Banken und Versicherungen, mit der öffentlichen Verwaltung und den Büros ist heute volkswirtschaftlich entscheidend. Als internationales Finanzzentrum und Bankenplatz besitzt Luxemburg heute fast 200 Kreditinstitute mit über 11000 Beschäftigten.

Kunst- und Kulturgeschichte

Man ist leicht geneigt zu behaupten, die Geschichte Luxemburgs habe erst am Palmsonntag des Jahres 963 begonnen. Damals nämlich erwarb *Graf Sigfrid,* vermutlich ein Sohn des lothringischen Ardennergrafen und Stadtgrafen von Trier namens Wigerich, vom Trierer Kloster St. Maximin ein Kastell an der Alzette, welches *Lucilinburhuc* genannt wurde.

Ein solcher Gedankengang ist sicher nicht von der Hand zu weisen, denn dies war der erste Schritt in Richtung auf die räumlich-politische Konturierung des heutigen Großherzogtums. Darüber darf jedoch keineswegs vergessen werden, daß die kultur- und kunsthistorischen Fundamente im geographischen Raum des modernen Luxemburg schon wesentlich früher gelegt wurden. Bedeutende archäologische Funde aus der Steinzeit, der Bronzezeit, der keltischen und gallo-römischen Epoche sowie aus der frühmittelalterlichen Ära der Franken belegen dies. Man begegnet ihnen unterwegs auf Schritt und Tritt, und dies in einer geradezu erstaunlichen Dichte. Kein kunst- und kulturgeschichtlich interessierter Reisender kommt ernsthaft an diesen Zeugnissen aus der Vor- und Frühgeschichte vorbei, und deshalb gebührt auch diesem Kapitel ›luxemburgischer‹ Vergangenheit ein angemessener Platz in diesem Buch. Gelegentlich muß zum Verständnis der Zusammenhänge auch über die Grenzen der Nachbarn geschaut werden, denn nicht immer läßt sich alles auf kleinstem Raum zusammengedrängt finden.

Die Steinzeit

Das *Gutland,* das von Süden her buchtförmig in das Gebiet des Großherzogtums Luxemburg hineingreift, nimmt etwa zwei Drittel der Landesfläche ein und war bereits seit dem Eiszeitalter kontinuierlich von wandernden Wildbeutern und später – bis zum Eintreffen der Römer in Luxemburg – auch von seßhaften Bauern besiedelt. Die als *Ösling* bezeichneten nördlichen Landesteile, Ausläufer des waldreichen und schwer passierbaren Eifel-Ardennen-Massivs, waren vermutlich erst in keltischer Zeit oder sogar noch später bewohnt.

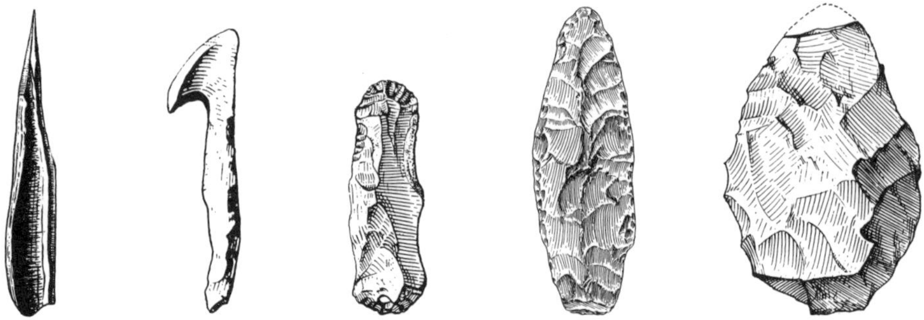

1 2 3 4 5

Paläolithische Knochen- und Steingeräte aus Oetrange (1 Stichel 2 Haken 3 Schaber), Osweiler (4 Speerspitze) und Remich (5 Faustkeil), (nach G. Thill, 1977)

Den Menschen der älteren und mittleren Steinzeit boten sich sehr günstige Wohngelegenheiten in den natürlich entstandenen Höhlen und Felsüberhängen (abris sous roche) des Luxemburger Sandsteinplateaus, das als markant aufragender Höhenzug mitten durch das fruchtbare Gutland zieht. In den tief eingeschnittenen und deshalb klimatisch besonders begünstigten Tälern von Mosel und Sauer dienten dagegen aus Tierhäuten hergestellte Windschirme als Behausungen.

Steinwerkzeuge

Die ältesten Bodenfunde sind einfache *Steinwerkzeuge,* die aus besonders harten Quarzgeröllen hergestellt wurden. Später verwendete man auch Feuersteinknollen (Flint) als Werkstoff. Dies setzte jedoch schon erste Handelsbeziehungen voraus, denn Feuersteine kommen im Gebiet des heutigen Luxemburg von Natur aus nicht vor. Wahrscheinlich stammte das Material aus der Gegend der französischen und belgischen Kanalküste, einer Zone, die damals noch weit im Landesinnern lag. Der Durchbruch des Ärmelkanals erfolgte erst um 4000 v. Chr. Eine ausgezeichnete Kollektion von Werkzeugen aus der Alt- und Mittelsteinzeit besitzen die Sammlungen Geiben und Herr in *Diekirch,* denn in der Umgebung der Stadt wurden zahlreiche Faustkeile, Spitzen, Klingen, Stichel und Schaber aus jenen grauen Vorzeiten gefunden. Eine größere Anzahl dieser sogenannten Mikrolithen gehörte zu einer 6500–10 000 Jahre alten mittelsteinzeitlichen Siedlung, deren Reste am nördlich der Stadt gelegenen *Herrenberg* entdeckt wurden.

Menschliche Skelettreste

Aus dem Jungpaläolithikum stammen die ersten Funde menschlicher Gebeine in Luxemburg, die zusammen mit gut erhaltenen Stein- und Knochenwerkzeugen sowie Skelettresten heute ausgestorbener Tiere nahe der westlich der Hauptstadt gelegenen Ortschaft *Oetrange (Ötringen)* entdeckt wurden. Vermutlich gehörte der Ötringer Menschentyp zur einst ganz Westeuropa bevölkernden Rasse des berühmten *Cro-Magnon*-Menschen, der sich im Körperbau nur noch geringfügig vom heutigen Menschen unterschied. Für diese These spricht die handwerklich filigrane Ausführung der im Staatsmuseum Luxemburg ausgestellten Werkzeuge, die – wenn auch in ungleich geringerem Maße – die aus den großartigen Höhlenmalereien Südfrankreichs und Nordspaniens sprechende Kunstfertigkeit des Cro-Magnon-Menschen anklingen lassen.

Felsritzungen

Eine der bedeutendsten prähistorischen Stätten Luxemburgs ist der Felsüberhang beim *Loschbur* an der Schwarzen Ernz. Das tief ins Luxemburger Sandsteinplateau eingeschnittene, als Kleine Luxemburgische Schweiz oder *Mullertal* bekannte Flußtal (Abb. 61) war schon im Paläolithikum wegen der hier besonders zahlrei-

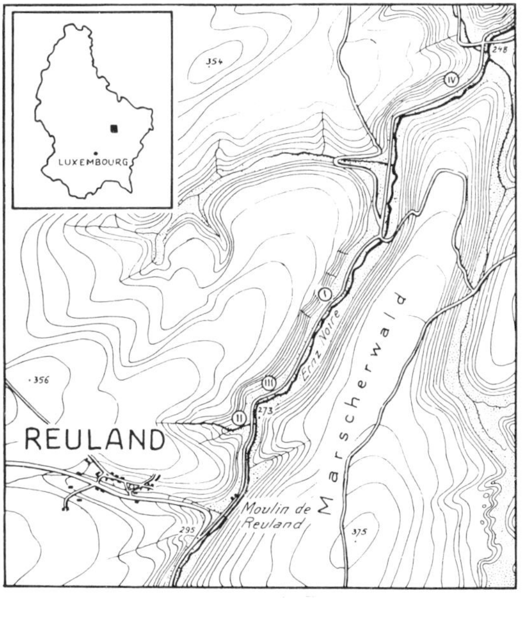

Lageplan urzeitlicher Stationen an der Schwarzen Ernz im Luxemburger Sandsteingebiet: I Loschbur II Atsebach III Schléd IV Immendelt (nach G. Thill, 1977)

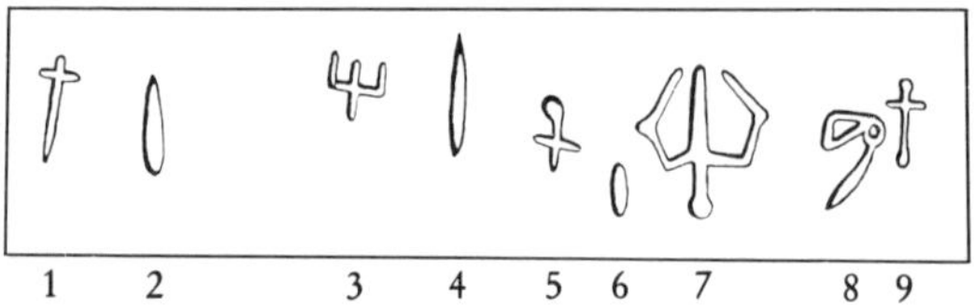

Felszeichen beim Loschbur im Ernztal. Die kreuzförmigen Zeichen (1 und 9) sollen menschliche Figuren, die gabelartigen (3 und 7) Männer, das kreuzähnliche (5) eine Frau, das beilförmige (8) den Tod, die anderen (2, 4 und 6) das Leben darstellen (nach G. Thill, 1977)

chen Felsüberhänge zum Zentrum frühester Besiedlung avanciert, und im Mesolithikum waren vermutlich alle Schutz bietenden höhlenähnlichen Gebilde an den steilen Talflanken bewohnt. Seinen Ruf unter archäologisch Interessierten genießt der etwa 1,5 km flußabwärts der Reulandmühle an der linken Talseite gelegene Loschbur aber nicht so sehr wegen der zahlreichen hier gefundenen und im Staatsmuseum untergebrachten mesolithischen Geräte, denn Ähnliches wurde z. B. auch am *Titelberg* im Süden des Landes sowie am *Herrenberg* bei Diekirch entdeckt. Als Attraktion gelten vielmehr die deutlich erkennbaren Felsritzungen, die als schematische Darstellungen von Mann und Frau, Leben und Tod gedeutet werden. Zweifel bestehen jedoch noch immer über das genaue Alter der Zeichen.

Bandkeramiker und Michelsberger

Besonders zahlreich sind Funde aus der Jungsteinzeit, die in Luxemburg erst vor etwa 6500 Jahren einsetzte und nur rund 2700 Jahre dauerte. Hauptsiedlungsgebiet war nach wie vor das Gutland, denn seine fruchtbaren, waldarmen Böden waren den inzwischen seßhaft gewordenen Menschen willkommen.

Zwei neolithische Kulturgruppen konnten im Gebiet des heutigen Luxemburg nachgewiesen werden, und zwar die nach Westen orientierten *Michelsberger* und die von Osten her vorgedrungenen *Bandkeramiker* (Donauländer-Kultur). Die bekannteste und wissenschaftlich ergiebigste Bandkeramiker-Siedlung wurde bei *Weiler-la-Tour (Weiler-zum-Turm)*, 10 km südöstlich der Hauptstadt entdeckt. Tongefäße mit Bandmustern als Verzierung – sie waren für diese Kultur namensgebend – und mehrere für die Bandkeramiker typische Schuhleistenkeile, aus Stein gefertigte Ackergeräte, befinden sich im Staatsmuseum Luxemburg.

Megalithdenkmäler

Menhire und Dolmen, wie man sie insbesondere in West- und Nordeuropa kennt, wurden in Luxemburg nicht gefunden. Allerdings ist mit einiger Sicherheit anzunehmen, daß es sie einst gegeben haben muß, denn in der näheren Umgebung des Großherzogtums sind mehrere Hünengräber und ›Hinkelsteine‹ erhalten

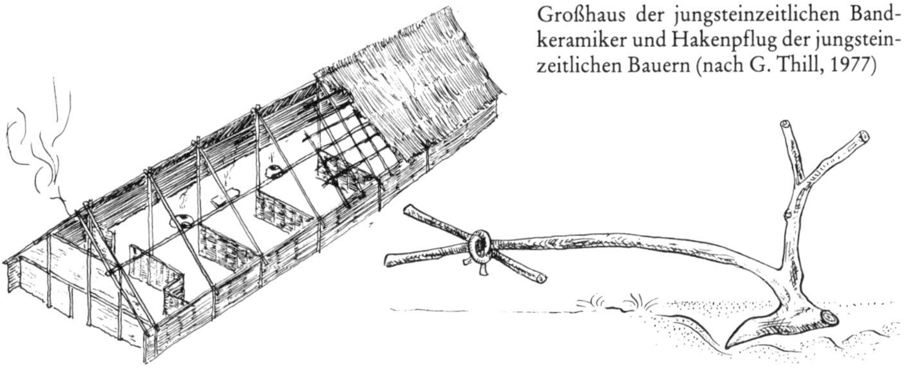

Großhaus der jungsteinzeitlichen Bandkeramiker und Hakenpflug der jungsteinzeitlichen Bauern (nach G. Thill, 1977)

geblieben. Besonders bekannt sind das *Frabillenkreuz* im benachbarten *Bitburger Land* sowie die *Menhire von St. Ingbert* und *Blieskastel* im Saarland. Auf Luxemburger Gebiet gibt es zwar mehrere Denkmäler aus Steinblöcken, aber es handelt sich lediglich um spätere Nachbildungen: Das gilt sowohl für den oft fälschlich als Megalithdenkmal angesprochenen *Deiwelselter* bei Diekirch als auch für die *Lock* bei Nommern oder den *Groestän* bei Manternach.

Die Bronzezeit

Aus der Bronzezeit, die vor etwa 3800 Jahren begann und bis ins 8. Jahrhundert v. Chr. andauerte, gibt es zahlreiche Werkzeug-, Waffen-, Tongefäß- und Schmuckfunde; die meisten von ihnen sind im Staatsmuseum ausgestellt. Sie wurden häufig in den Flüssen des Landes entdeckt, da die Menschen der Bronzezeit den Mächten der Gewässer reichhaltige Metallopfer brachten, indem sie Beile, Schwerter, Schmuckstücke und andere Gegenstände den Fluten anvertrauten. Bei Baggerarbeiten tauchen immer wieder derartige Kunstschätze auf. Das wertvollste Stück ist ein herrlich gearbeitetes Bronzeschwert, das bei *Larochette* in der Weißen Ernz gefunden wurde. Es veranschaulicht wie kaum ein zweites Beispiel den enormen Fortschritt, den die Fähigkeit des Schmelzens und Verarbeitens von Metallen bedeutete.

Die Eisenzeit

Die der Bronzezeit folgende Eisenzeit, nach den wichtigsten Fundorten im österreichischen Salzkammergut und am schweizerischen Neuenburger See in

Hallstatt- und *Latènezeit* untergliedert, setzte in Luxemburg um 750 v. Chr. ein und dauerte bis zum Beginn der Römerherrschaft in Gallien. Diese Epoche wurde erstmals in der Geschichte des Raumes zwischen Atlantik und Schwarzem Meer kulturell von einem namentlich faßbaren Volk, den Kelten, getragen, das parallel zur allmählichen Einführung des neuen Werkstoffes Eisen aus dem Schatten der Urzeit hervortrat. Bis zur Latènezeit hatten die Kelten ihre Einflußsphäre vom nördlichen Balkan bis nach Kleinasien und von Süddeutschland und Ostfrankreich bis nach Südportugal und den Britischen Inseln ausgedehnt. Sie waren damit zeitweise das mächtigste Volk ganz Europas. Zentrum des keltisch geprägten Raumes war damals das von den Römern als *Gallia transalpina* bezeichnete *Gallien,* dem auch das Gebiet des heutigen Luxemburg angehörte. Hier und im benachbarten südwestdeutschen Raum bildete sich vor allem die hochentwickelte Latènekultur heraus. Ebenso wie die vorangehende Hallstattkultur erfuhr sie beiderseits der Mosel, im Bereich von Eifel und Hunsrück, eine eigenständige Ausprägung. Man spricht deshalb von hallstattzeitlicher und latènezeitlicher *Hunsrück-Eifel-Kultur,* deren Ausdehnungsgebiet auch einen Teil Luxemburgs umfaßte.

Keltische Kunst

Die Kelten waren ein sehr kunstbeflissenes Volk. Töpferei, Kunst-, Schmiede- und Textilhandwerk erlebten besonders in der Latènezeit eine hohe Blüte. Zu besonderer Meisterschaft brachten sie es in der Technik der Eisenbearbeitung, und die Germanen übernahmen später sogar die keltische Bezeichnung ›isarnon‹ (für Eisen) in ihren Sprachgebrauch.

Trotz deutlich erkennbarer Einflüsse und Anregungen aus Süd- und Südosteuropa – ein Ausdruck lebhafter Handelsbeziehungen und hohen Wohlstandes – trug die keltische Kunst stets ihre eigenständigen gestalterischen Elemente. Einen Markstein auf dem Weg zur Entwicklung keltischen Stils setzten ab dem 5. Jahrhundert v. Chr. die im Hunsrück-Eifel-Bereich siedelnden Stämme, deren Fürsten diesbezüglich wohl besonders aufgeschlossen waren. Tier- und Pflanzenornamente, Spiralen, Masken u. a. wurden phantasievoll miteinander verbunden und lösten den älteren geometrischen Stil ab. Die reifsten Arbeiten im Stil der späten Latènezeit werden nach dem berühmten Fundort in der Nähe von Bingen am Südfuß des Hunsrücks als *Waldalgesheimer Stil* bezeichnet.

Besonders prunkvolle Gegenstände fand man als Beigaben in den Hügelgräbern von Stammesfürsten, die zusammen mit den Druiden (Priestern) die über die einfache bäuerliche Bevölkerung herrschende Oberschicht der Kelten bildeten.

Geradezu berühmt wurde der hallstattzeitliche Grabfund von *Vix in Burgund:* ein vierrädriger Wagen, Goldschmuck sowie südliche Importwaren. Ähnliches gilt für die Funde von *Basse-Yutz* bei Thionville (Frankreich), nahe der luxemburgischen Grenze. Eine dort gefundene, vollendet geformte und reich verzierte Schnabelkanne aus der älteren Latènezeit als Paradebeispiel keltischer Kunst befindet sich im Britischen Museum in London.

Grabfunde in Luxemburg

Ausgezeichnete Zeugnisse sowohl aus der frühen als auch aus der späten keltischen Epoche gibt es auch in Luxemburg. Bisher wurden alle wichtigen Funde aus Grabhügeln im Gutland zutage gefördert. Allerdings vermuten Fachleute auch im Ösling noch bis heute unentdeckt gebliebene Grabhügel, denn die in der Eisenzeit dichter gewordene Besiedlung Mitteleuropas führte auch anderswo zur ›Landnahme‹ in bislang weitgehend unbewohnten Waldgebirgen. Einen nahezu kompletten Überblick über die luxemburgischen Funde vermittelt die archäologische Abteilung des Staatsmuseums.

Typisch für Gräber der hallstattzeitlichen Hunsrück-Eifel-Kultur sind die in *Hünsdorf* an der Alzette und bei *Niederdonven* unweit der Mosel gefundenen Schmuckstücke, die den Leichnamen verstorbener Frauen beigegeben waren: bronzene Arm- und Halsringe sowie kleine Fingerringe. Tongefäße, Bronzereifen und Glasperlen förderten die Ausgrabungen eines Hügelgräberfeldes bei *Lorentzweiler* nördlich der Hauptstadt Luxemburg zutage. Ähnliche Gegenstände stammen aus Grabhügeln im *Remicher Wald,* im *Marscherwald* und am *Widdenberg.*

Hervorragende Fundstücke konnten 1972 geborgen werden, als man bei *Altrier* (Marscherwald) ein mit prunkvollen Beigaben ausgestattetes Fürstengrab der Latènezeit erforschte. Dank seiner beachtlichen Größe (Durchmesser = 50 m) blieb der Tumulus vom Zugriff laienhafter ›Schatzsucher‹ verschont, dem zuvor schon so manches andere aufschlußreiche Grab zum Opfer gefallen war. Neben einer herrlichen etrurischen Bronzeurne aus dem 5.–4. Jahrhundert v. Chr. barg das Grab vor allem einen goldenen Armring, eine Maskenfibel und ein kostbares Eisenschwert.

Ähnlich bedeutsam, jedoch 300–400 Jahre jünger, sind die Grabbeigaben von vier treverischen Rittern, die in der Nähe von *Goeblange* gefunden worden sind. Sie stammen bereits aus der Frühzeit der Römerherrschaft in Gallien und gehören zu den schönsten in Luxemburg entdeckten Beispiele keltischen Kunstschaffens. Prunkstücke sind ein mit bronzenen Beschlägen verzierter dreifüßiger Holzeimer und die Schwerter der Toten, die bis zu 1 m lang sind. Sie stecken in bronzenen

Scheiden mit typischen keltischen Durchbruchmustern. Außerdem bargen die Gräber wiederum zahlreiche südländische Importwaren wie bronzenes und tönernes Tafelgeschirr und mehr als 10 riesige Amphoren aus Ton, in denen Wein aus südlichen Anbaugebieten nach Gallien transportiert worden war.

Keltische Befestigungsanlagen

Überreste gänzlich anderer Art aus der frühen keltischen Epoche können heute vielerorts noch im Gelände besichtigt werden. Gemeint sind ehemalige Fliehburgen und auch weniger ausgedehnte Häuptlingssitze, deren Wallbefestigungen

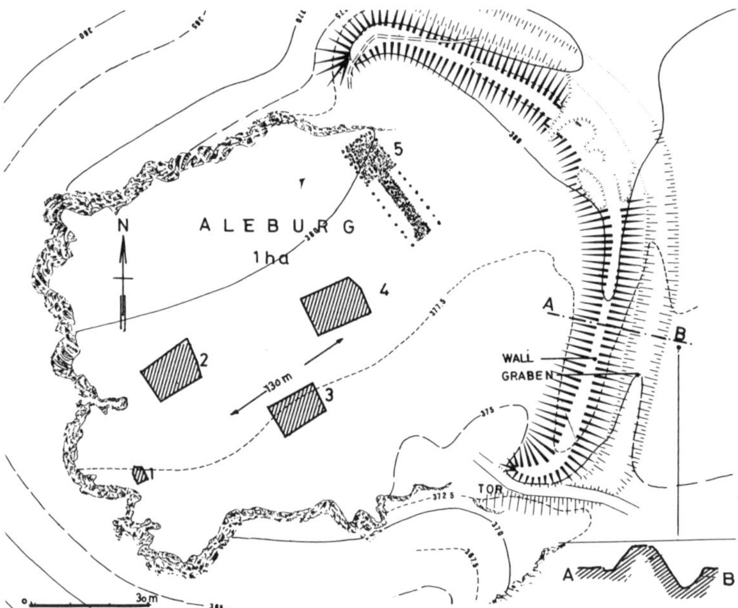

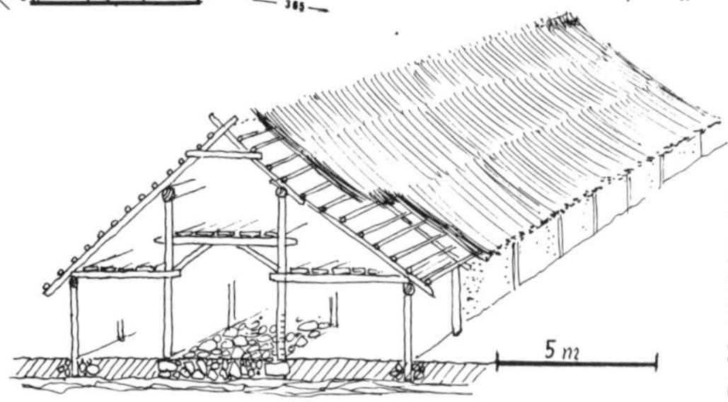

Plan der Aleburg bei Beaufort. 1–5 Standplatz der Häuser, A–B Schnitt durch Wall und Graben
Dreischiffiges kombiniertes Wohn- und Stallhaus der Aleburg
(nach G. Thill, 1977)

erhalten geblieben sind. Eine gut erforschte kleinere Anlage (1 ha) mit den Grundrissen von fünf Gebäuden ist zum Beispiel die *Aleburg bei Beaufort.* Hier wurden die strategisch äußerst günstigen Voraussetzungen eines an drei Seiten steil abfallenden Bergsporns genutzt, der nur von einer Seite her zugänglich ist. Dort bot ein Wall mit Graben der Häuptlingsfamilie und ihrem Gesinde ausreichende Sicherheit vor feindlichen Angriffen. Aus derselben Epoche stammt die 10 ha große Abschnittsbefestigung *Burggruef* auf einer 500 m langen Sandsteinklippe hoch über dem Tal der Eisch. Ein Erd- und Steinwall riegelt das Gelände zur ungeschützten Ostseite hin ab.

Die vermutlich bedeutendste keltische Festung im Stammesgebiet der Treverer, dem der Luxemburger Raum fast vollständig angehörte, war das latènezeitliche *oppidum* auf dem *Titelberg* nahe *Differdange.* Die Siedlung erstreckte sich auf einer mehr als 50 ha großen Hochfläche, die einen 130 m über das Korntal aufragenden steilen Bergsporn krönt. Sie war ringsum von einer für die keltische Baukunst typischen gallischen Mauer (murus gallicus) mit vorgelagertem Wall umgeben. An der Südostküste der Hochfläche sind noch stattliche Mauerreste erhalten geblieben. Die keltischen *oppida* waren stadtähnliche Siedlungen mit bedeutenden Handelsfunktionen, die meistens an Schnittpunkten wichtiger Verkehrswege in strategisch günstiger Lage errichtet wurden. Dort ließen sich in der Regel mehrere Handwerker nieder, deren Produkte an Ort und Stelle auf den Markt gebracht wurden. Eine Unmenge von Funden auf dem Titelberg beweist das: Glasringe, Fibeln, Eisenwerkzeuge und -waffen, Bronzeschmuck und unzählige Münzen. In Kriegszeiten boten die Befestigungsanlagen den Bewohnern ausreichende Sicherheit vor feindlichen Übergriffen, und auch die ländliche Bevölkerung der näheren Umgebung fand Schutz hinter den Mauern.

So etwa sah der Hauptwall mit Graben und Tor am Titelberg aus. Das vernagelte Holzgerüst im Innern einer mächtigen Steinmauer bürgte für die Stabilität des *Murus gallicus* (nach G. Thill, 1977)

Die Römer in Luxemburg

Das Territorium des heutigen Luxemburg gehörte in der späten Latènezeit so gut wie vollständig zum Gebiet der in ganz Gallien als besonders tapfer und freiheitsliebend geltenden *Treverer*, einem keltischen Stamm mit germanischem Einschlag. Lediglich der äußerste Süden in der Gegend von Dudelange und Rumelange war vermutlich von den *Mediomatrikern* besiedelt. Das restliche Gallien teilten zahlreiche weitere keltische Stämme unter sich auf. Sie alle zusammen bildeten die keltische Völkergemeinschaft, die trotz gemeinsamen Kulturgutes in sich eine sehr lose Verbindung darstellte, da es keine einheitliche Schriftsprache gab und jeder Stamm andere Sitten und Gebräuche pflegte.

Man weiß dies heute u. a. sehr genau durch die Kriegsberichte des römischen Feldherrn Gajus Julius Caesar, der von 58 bis 50 v. Chr. das gesamte Gallien zwischen Rhein, Ärmelkanal und Atlantik eroberte und dem Römischen Reich einverleibte. Mit seinen »Kommentaren über den Gallischen Krieg« (Commentarii de Bello Gallico) begann die schriftliche historische Überlieferung und damit die eigentliche Geschichte sämtlicher Gebiete links des Rheins.

Die Uneinigkeit der Gallier untereinander erleichterte den Vormarsch Caesars ganz erheblich. Geschickt nutzte er auch die gut ausgebauten keltischen Handelswege bei seinen Feldzügen. Ursprünglich war er in seiner Eigenschaft als römischer Statthalter der Provinzen Gallia Cisalpina, Illyricum und Gallia Narbonensis (Südfrankreich) von den Treverern gegen die ihr Gebiet bedrohenden Germanenhorden des Ariovist zur Hilfe gerufen worden. Nachdem er diese Gefahr beseitigt hatte, besetzte er jedoch ganz Gallien. Zwar waren es insbesondere die Treverer, die sich gegen die römische Fremdherrschaft immer wieder auflehnten, aber 54 v. Chr. tötete Labienus, ein hoher Offizier Caesars, den Anführer der Treverer, Vercingetorix, und ein Jahr später schlug er die Treverer erneut vernichtend. Damit war ihr Widerstandswille vorerst gebrochen. Er flackerte jedoch 29 und 21 v. Chr. noch einmal kurz auf, wurde aber jedesmal wieder blutig beendet. Auch der mit treverischer Beteiligung inszenierte Bataveraufstand (69–70 n. Chr.) wurde von den Römern erfolgreich niedergeschlagen.

Abgesehen von obigen Zwischenfällen paßte sich die gallische Bevölkerung eigentlich sehr bereitwillig der römischen Fremdherrschaft an, brachte diese doch nicht zu unterschätzende Vorteile mit sich: Da war zum einen die lange vergeblich angestrebte Sicherheit vor den Raubzügen der Germanen garantiert; die *Pax Romana* dauerte immerhin 205 Jahre (70–275 n. Chr.). Eine so lange Friedenszeit hat es seither im Raum Luxemburg nie wieder gegeben. Zum anderen blühten Handel, Gewerbe und Landwirtschaft unter dem Schutz der römischen Truppen in

Ein Treverer. Bronzestatuette aus dem 2.–3. Jh. n. Chr., 11,8 cm hoch. Landesmuseum Trier

noch nicht dagewesenen Ausmaßen auf. Römisches Kulturgut wurde von den Galliern gern übernommen, denn was landwirtschaftliche Techniken, Transportwesen, Architektur, Straßenbau, Töpferhandwerk, Bildhauerei und viele andere Bereiche des wirtschaftlichen und kulturellen Lebens anbelangte, waren ihnen die Südländer um einiges voraus. Ihre Fremdherrschaft brachte unübersehbare Fortschritte. Ähnlich wie in der Eisenzeit verstanden es die einheimischen Gallier jedoch trotz aller Nachahmung römischer Errungenschaften stets aufs neue, das keltische Element als eigenständig kreative Leistung zu bewahren. Man spricht deshalb auch von gallo-römischer Kultur.

Die römische Verwaltung Galliens und Germaniens war an der überkommenen Gliederung des Raumes westlich des Rheins in zahlreiche Völkerschaften, sogenannte *civitates*, orientiert. Das Gebiet des heutigen Großherzogtums Luxemburg gehörte zur römischen Verwaltungseinheit der *Civitas Treverorum* (= civitas der Treverer), die den nördlichen Teil der Provinz *Belgica* einnahm. Hauptstadt der Civitas Treverorum und auch der ganzen Provinz Belgica war die von Kaiser Augustus um 15 v. Chr. unter dem Namen *Augusta Treverorum* gegründete Stadt *Trier*, die unter Diokletian (ab 293) sogar zu einer der vier römischen Kaiserresidenzen erhoben wurde. Im 4. Jahrhundert wurde Trier außerdem Bischofssitz und avancierte mit etwa 70000 Einwohnern zur größten und bedeutendsten Stadt nördlich der Alpen. Um 300 unterteilten die Römer die Provincia Belgica in *Belgica prima* mit der Hauptstadt Trier und die westlich anschließende Provinz *Belgica secunda* (Hauptstadt Durocorturum, das heutige Reims).

Gallo-römische Villen

Welche kultur- und kunsthistorische Bedeutung die gallo-römische Epoche für das Territorium des heutigen Großherzogtums Luxemburg besaß, mögen folgende Zahlen verdeutlichen: in 140 von den rund 550 Ortschaften des Landes wurden nach dem luxemburgischen Experten Charles-Marie Ternes Baureste römischer Villen festgestellt, und in 83 Orten deuten Fundstücke auf weitere Bauten hin. Insgesamt registrierte man sage und schreibe 464 römische Häuser. Anschaulich dokumentiert die »Archäologische Karte des Großherzogtums« die Landschaft zur Römerzeit.

Die weitaus meisten Villen waren ländliche Gutshöfe *(villae rusticae)*, die sich in der Regel in Abständen von etwa 1000 m bevorzugt in sonnigen und windgeschützten Hanglagen inmitten der zugehörigen Flur befanden. Der Landbesitz wurde im römischen Kataster eingetragen, so daß keine Grenzstreitigkeiten möglich waren. Zu einem Gutshof gehörten neben einem großen Herrensitz noch mehrere Wirtschaftsgebäude und Wohnstätten für das Gesinde. Das zur Weinlagerung und Vorratshaltung unterkellerte Herrenhaus bestand aus mehreren Räumen, und dem Eingang war eine Terrasse mit von Säulen getragenem Dach vorgelagert. Beide Seiten der Terrasse waren von Risaliten flankiert. Eine Fußbodenheizung (Hypokaustanlage, Abb. 54), war zumindest in einem Raum eine Selbstverständlichkeit, ebenso wie ein beheiztes Bad und Latrinen. Die Wände zierten Malereien, und Mosaikböden im Empfangs- oder Aufenthaltsraum, Zeichen gehobenen Wohl-

Vorderseite zweier Denare vom Titelberg, die Caesar in Gallien prägen ließ

stands, sorgten zusätzlich für eine behagliche Atmosphäre. Noch um einiges luxuriöser ausgestattet, aber auch sehr viel seltener, waren die palastähnlichen *villae urbanae*, die meistens von hochstehenden Persönlichkeiten des öffentlichen Lebens bewohnt wurden.

Vici

Sehr viele der bis heute gefundenen römischen Häuserreste gehörten auch zu sogenannten *vici*, dorfähnlichen Siedlungen, die zugleich kleine Verwaltungszentren, Marktorte, Kultstätten sowie Niederlassungen von Handwerkern, Händlern und Landleuten waren. Durchreisende fanden hier Rast- und Übernachtungsmöglichkeiten.

Einer der wichtigsten vici war der *Titelberg*, der ja schon zur Keltenzeit als oppidum von herausragender Bedeutung in Erscheinung trat. Gérard Thill, ein bekannter luxemburgischer Archäologe und Leiter des Staatsmuseums, bezeichnet den Titelberg als »Pompeji des Großherzogtums«, weil alles, was aus der Römerzeit hinterlassen wurde, dort in irgendeiner Form gefunden worden ist, ganz gleich, ob es sich um Häuserreste oder um Kleinfunde wie Tonwaren, Glaswaren, Bronzegefäße, Werkzeuge, Waffen, Kunstwerke oder Münzen handelt.

Eine besondere Stellung nahm auch der bei der heutigen Ortschaft Dalheim gelegene vicus namens *Ricciacus* ein, der sogar auf der sogenannten Peutingerschen Tafel erscheint – wenn auch irrtümlich auf der rechten Seite der Mosel. Die *Tabula Peutingeriana* ist die berühmte mittelalterliche Kopie (vermutlich 13. Jahrhundert) einer 6,82 m langen und 2,34 m breiten Straßenkarte des Römischen Reiches, die heute in der Wiener Nationalbibliothek aufbewahrt wird. Der Grund für die Aufnahme von Ricciacus in das römische Kartenwerk wird nach einem Blick auf die im Staatsmuseum ausgestellten Fundstücke klar: Es handelt sich hauptsächlich um Gegenstände, die mit Pferd und Wagen in Zusammenhang stehen und die den vicus als eine Straßenstation kennzeichnen, die am Schnittpunkt mehrerer Römerstraßen lag. Es muß reges Leben in Ricciacus geherrscht haben, denn nirgendwo sonst in Luxemburg wurden so viele römische Münzen gefunden wie in diesem vicus.

So gut wie sämtliche wertvollen Funde, die vor allem bei den Ausgrabungsarbeiten in Dalheim, Goeblange, Mersch, Rippweiler, Bilsdorf, Echternach, Bigelbach, Mompach, Remerschen, Diekirch, Bous und natürlich am Titelberg ans Licht kamen, können heute im Staatsmuseum besichtigt werden.

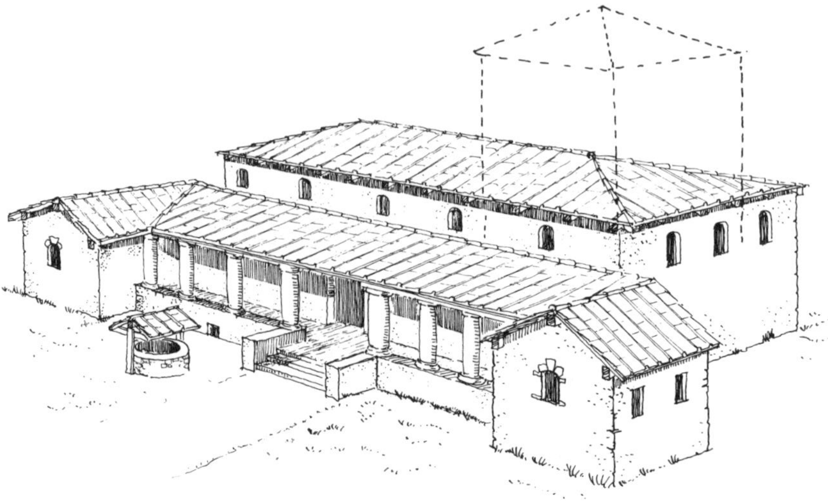

Rekonstruktion und Plan der Villa Miécher in Goeblange (nach G. Thill, 1977)

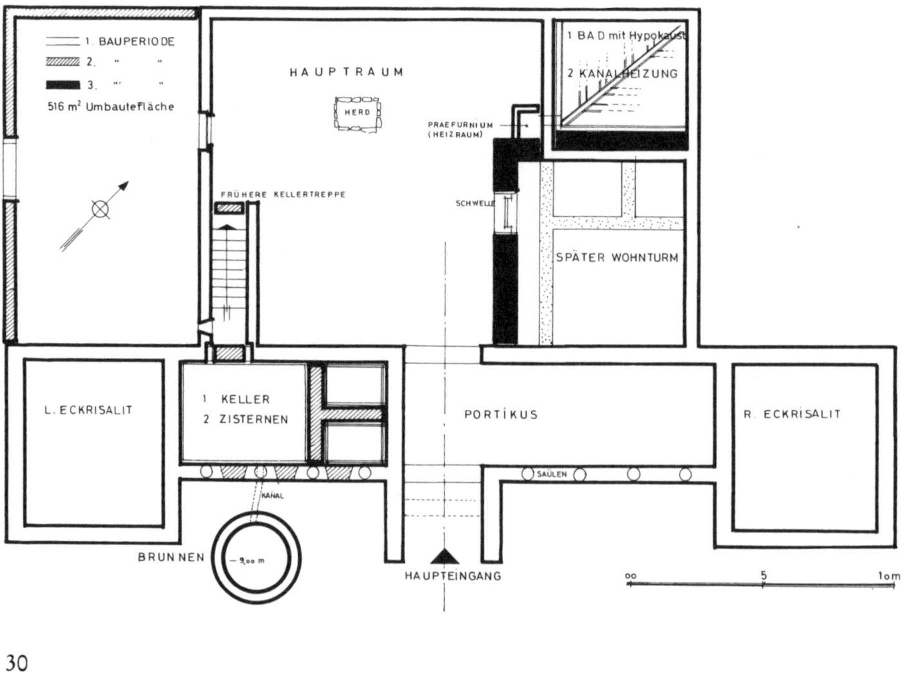

Archäologische Stätten

Nicht minder interessant sind aber auch einige der Ausgrabungsstätten selbst: beispielsweise das sehr schön restaurierte Ruinenfeld von *Dalheim* (Ricciacus, Abb. 56), an dem zur Zeit wieder verstärkt gearbeitet wird. Hervorzuheben sind ebenso die Überreste der *Villa Miécher* (villa rustica) bei Goeblange, in deren unmittelbarer Nähe noch die Grundmauern eines weiteren gallo-römischen Gebäudes zutage gefördert wurden. Bedeutend sind auch die in *Echternach* (Schwarzuecht) freigelegten Ruinen einer prachtvollen villa urbana, und die gallo-römische Prunkvilla, deren Hypokunstanlage und Wasserzierbecken in *Mersch* freigelegt wurden, ist ebenso eine Sehenswürdigkeit ersten Ranges. Unter der heutigen Esplanade von *Diekirch* entdeckte man eine weitere Villa, deren Fußböden mit kostbaren Mosaiken verziert waren, die im Regionalmuseum der Stadt ausgestellt sind (Abb. 17). Als weitere Glanzpunkte der Archäologie Luxemburgs gelten auch die fachmännisch restaurierte gallo-römische Badeanlage des 6 km nordwestlich der Hauptstadt gelegenen ehemaligen vicus *Mamer* sowie die Ruinen eines kleinen Tempels bei *Steinsel* (Abb. 54 und 57).

Rekonstruktion eines kleinen Tempels. In der Mitte die *Cella*, der Wohnraum der Gottheit, umgeben vom Säulengang für Prozessionen; der Opferaltar steht draußen. Ähnlich sah der Tempel von Steinsel aus (nach G. Thill, 1977)

Grabdenkmäler

Weitere gallo-römische Baureste verdanken wir den damaligen Bräuchen bei der Totenbestattung. Bis ins 4. Jahrhundert hinein wurden die Verstorbenen noch nach heidnischer Sitte verbrannt. Die Ascherückstände setzte man in Urnen bei,

Rekonstruktion des römischen Grabmonuments vom Grevenmacherberg (Staatsmuseum Luxemburg)

unter Hinzufügung reichhaltiger Grabbeigaben. Diese vor- und frühgeschichtliche Sitte änderte sich erst mit dem Vordringen des Christentums, das sich von Trier, dem ersten frühchristlichen Bischofssitz nördlich der Alpen seit Ende des 3. Jahrhunderts über das Gebiet der Civitas Treverorum und deren Grenzen ausbreitete.

Die Gräber, je nach sozialer Stellung des Verstorbenen mit Denkmälern unterschiedlicher Größe und Ausstattung versehen, wurden außerhalb der Siedlungen oder in größerem Abstand von den villae rusticae meist entlang der Römerstraßen aufgereiht. Die Überreste einer großen gemeinschaftlichen Begräbnisstätte mit ummauerten Grabgärten und den Fundamenten eines riesigen, einst wohl rund 15 m hohen Grabdenkmals aus dem 2. Jahrhundert befindet sich in der Nähe der Ortschaft *Lellig* bei *Wasserbillig*. Ähnliche Ausmaße besitzen auch die Fundamente eines weiteren riesigen Grabdenkmals, ebenfalls aus dem 2. Jahrhundert, das auf dem *Grevenmacherberg* direkt neben der ehemaligen Römerstraße Metz–Trier entdeckt wurde. Abgüsse von hier gefundenen Steinskulpturen befinden sich noch an Ort und Stelle (Abb. 59). Bei Remerschen liegt unmittelbar an der Mosel das Großdenkmal eines Weinhändlers.

Neben dieser Art von Grabmälern wurden als Relikte aus der Vorgeschichte auch noch riesige *tumuli* (Grabhügel) errichtet. Ein gut erhaltenes Beispiel ist der ›Hidelsknupp‹ bei *Wilwerdingen*, der jedoch an Bekanntheit bei weitem durch das bestens erforschte Exemplar von *Bill* bei *Grevenknapp* übertroffen wird (Abb. 55).

Straßen und Brücken

Nicht zu übersehende Relikte aus der gallo-römischen Epoche sind auch zahlreiche bis heute erhalten gebliebene Teilstücke des ehemaligen Straßen- und Wegenetzes. Mancher Feldweg folgt noch einer einstigen Römertrasse, die man häufig an ihrem schnurgeraden Verlauf erkennen kann. Mehrere keltische Handelswege waren schon vor der Besetzung des Treverergebietes durch die Römer vorhanden und erleichterten den Eroberern den Vormarsch nach Gallien. Zur Sicherung der Nachschublinien zum Rhein und aus wirtschaftlichen Erwägungen heraus wurde das althergebrachte Netz jedoch beträchtlich erweitert, und zwar so, daß es der dichten Besiedlung der Civitas Treverorum gerecht werden konnte.

Fachleute fanden heraus, daß immerhin sechs überregional bedeutsame Straßen das Gebiet von Luxemburg berührten oder durchquerten – ein Beweis für den Durchgangscharakter dieses Raumes zwischen der Rheinlinie (Grenzgebiet) und dem Inneren Galliens. Ein dichtes Netz kleinerer Regionalstraßen verband alle wichtigen Siedlungen mit den Fernwegen. Einer davon führte von Lyon über Metz, Dalheim (Ricciacus) und Trier zum Rhein, ein anderer verband Reims mit Trier. Eine dritte bedeutende Fernverbindung führte von Lothringen nach Köln.

Daß der zuerst genannten Straße vom Rhônetal über Ricciacus nach Trier absoluter Vorrang vor allen anderen Landverkehrswegen zukam, beweisen die sensationellen Funde von Brückenpfeilern in der Mosel bei *Stadtbredimus*, die bei der Kanalisierung des Flusses im Jahr 1962 entdeckt wurden. Man stieß auf zwei verschiedene Arten von hölzernen Brückenpfeilern, die dendrochronologisch untersucht wurden. Dabei stellte sich heraus, daß ein erster Moselsteg oder sogar eine Brücke an dieser Stelle schon gut 100 Jahre vor dem Eintreffen der Römer existiert hatte, und daß die zweite – römische – Brücke bereits 14 Jahre vor der ältesten Trierer Moselbrücke errichtet worden sein muß. Eine zweite Römerbrücke führte außerdem bei *Wasserbillig* über die Sûre (Sauer). Ihre Pfeilergründungen wurden in den sechziger Jahren beim Neubau der Sauerbrücke entdeckt und abgetragen.

Der Transport auf den durch Wachtürme und befestigte Etappenorte gesicherten Römerstraßen erfolgte im wesentlichen zu Fuß oder zu Pferde. Daneben gab es aber auch vierrädrige Lastwagen und Postkutschenwagen sowie zweirädrige

Korbwagen. Der Verkehr zu Lande wurde außerdem durch regen Schiffsverkehr auf Mosel und Sauer ergänzt. Auf flachen Nachen und tiefer liegenden Schleppkähnen wurden vor allem schwere und größere Lasten, aber auch Personen transportiert. Die Ruderschiffe zog man auf Treidelpfaden stromaufwärts, aber es gab auch Segelschiffe auf der Mosel, die sich weitgehend aus eigener Kraft gegen die Strömung behaupten konnten. Einzelheiten sind durch Abbildungen auf zahlreichen Steinreliefs bekannt geworden, darunter die beiden berühmten *Neumagener Weinschiffe* (Abb. 60) des Trierer Landesmuseums und die berühmte *Igeler Säule*, ein 22 m hohes gallo-römisches Grabdenkmal an der Mosel (9 km oberhalb von Trier).

Völkerwanderung und fränkische Landnahme

Das Gebiet der Civitas Treverorum lag, wie überhaupt alle rheinnahen Teile Galliens, an der Nahtstelle zwischen Germanen und Kelten, und bereits vor der Ankunft der Römer in Gallien fielen immer wieder kriegerische Suebenhorden in keltisches Gebiet ein. Den Römern gelang es über 200 Jahre lang, diese Tod und Verderben bringenden Raubzüge zu unterbinden. Der von ihnen errichtete *Limes*, ein stark befestigter Grenzwall gegen die Germanen, verfehlte seine Wirkung zunächst nicht.

Aber schon um die Mitte des 3. Jahrhunderts brach der Limes unter dem Ansturm der Germanen erstmals zusammen. Es gelang den Römern jedoch kurze Zeit später, der Lage wieder Herr zu werden. Die Blütezeit Triers als Kaiserresidenz begann. Diese Ruhe vor dem einsetzenden Sturm der Völkerwanderung dauerte jedoch nicht allzu lange, denn kaum 100 Jahre später, um die Mitte des 4. Jahrhunderts, standen die Germanen abermals auf linksrheinischem Territorium, und ab 375 drangen raubende und brandschatzende Hunnenscharen wiederholt über die Rheingrenze vor. Angesichts dieser bedrohlichen Lage verließ die römische Verwaltung das unsichere Grenzgebiet. Gleichzeitig verlor Trier auch seine Funktion als Kaiserresidenz. 405/406 wurde die Stadt schließlich von den Germanen zum ersten Mal zerstört, und in den folgenden drei Jahrzehnten wiederholte sich dieses Schicksal noch drei weitere Male.

Immer wieder gelang es den Römern, die verlorenen Grenzgebiete zurückzuerobern. 451 waren sie dank ihrer Waffenbruderschaft mit den germanischen Westgoten sogar in der Lage, sich endgültig von der Hunnengefahr zu befreien. Sie schlugen die von Attila geführten Horden in der berühmten Schlacht auf den

Katalaunischen Feldern zwischen Châlons-sur-Marne und Troyes, nahe des antiken Ortes Maurica.

Diese Erholungsphase war aber nur von sehr kurzer Dauer. Wenig später nützte alles Sichaufbäumen nichts mehr. Die römischen Truppen konnten dem immer stärker werdenden, durch den allgemeinen Verfall des Römischen Reiches zusätzlich geschürten Ansturm der Germanen um 470 gerade noch standhalten, aber schon vor 476, dem Jahr der Absetzung des letzten weströmischen Kaisers, hatten Franken vom Stamm der *Ripuarier* Trier, die ehemalige Hauptstadt Galliens, längst endgültig erobert, und gleichzeitig begannen sie mit der Landnahme in den ländlichen Gebieten der unterworfenen ehemaligen Civitas Treverorum.

Mit der *fränkischen Landnahme*, die den Beginn des Mittelalters markierte, setzte ein völlig neuer Abschnitt mittel- und westeuropäischer Geschichte ein. Das gilt natürlich auch für Luxemburg. Die Struktur des ehemals römischen Galliens wurde unter den neuen Herren auf beinahe sämtlichen Gebieten von Grund auf umgewandelt, die gallo-römische Bevölkerung innerhalb kurzer Zeit aufgesogen.

Siedlungen

Eine der bis in die heutige Zeit hinein wirksamen Veränderungen war die Neuordnung der Siedlungsverteilung. Als Ackerbauern und Viehzüchter bevorzugten die Franken bei der Inbesitznahme der neu eroberten Gebiete selbstverständlich die von der Natur aus begünstigten Landesteile. Für Luxemburg bedeutete dies, daß sich die fränkische Landnahme vor allem auf das *Gutland* beschränkte. Das *Ösling* im Norden ließ man zunächst außer acht. Außerdem wurden die römischen Villen und vici in der Regel sich selbst, das heißt dem langsamen Verfall überlassen.

Die germanischen Siedler bauten ihre aus Holz und Lehm errichteten Fachwerk-Hofstätten meistens abseits der überkommenen Siedlungen. Viele dieser Hofstätten bildeten den Ausgangspunkt heutiger Dörfer, und zwar besonders solcher, deren Namen auf -heim, -ingen, -dorf oder -weiler enden. Ein sehr anschauliches Beispiel ist die fränkische Gründung *Dalheim* im Schutz einer allseits leicht ansteigenden Quellmulde, nur wenige hundert Meter von den ausgegrabenen Ruinen des ehemaligen gallo-römischen vicus *Ricciacus* entfernt. Siedlungsfunde aus fränkischer Zeit sind aufgrund der damals üblichen Holzbauweise jedoch mehr als spärlich, denn das Baumaterial konnte dem Zahn der Zeit bis auf wenige kümmerliche Reste nicht widerstehen.

Fränkische Gräberfelder in Luxemburg (Karte nach G. Thill 1987)

Grabfunde

Erheblich häufiger und aufschlußreicher als Siedlungsfunde sind dagegen die Funde von Grabbeigaben: meistenteils Eisenwaffen, Eisengeräte, Tongefäße, Gläser, Schmuck und Beschläge, wie sie im Staatsmuseum zu sehen sind. Die heidnische Sitte der Grabbeigaben hielt sich bei den Franken immerhin sehr hartnäckig bis ins 8. Jahrhundert hinein, obwohl das schon unter den Römern geduldete Christentum den Sturm der Völkerwanderung überdauert hatte und seit dem 6. Jahrhundert von den Trierer und Lütticher Bischöfen in den fränkischen Gebieten rasch wieder verbreitet werden konnte.

Die kostbarsten Zeugnisse fränkischer Kleinkunst wurden neben schön gearbeiteten Waffen naturgemäß in den Gräbern wohlhabender Adeliger bei *Altwies, Ellingen, Grevenmacher, Greisch* und *Steinsel* gefunden. Es handelt sich vor allem um kunstvolle Goldscheibenfibeln mit Edelsteineinlegearbeiten und prächtigen Filigranverzierungen; daneben kamen bei den zahlreichen Ausgrabungsarbeiten auch weiterer Gold- und Edelsteinschmuck sowie bronzene Ohrringe, Armreifen und viele andere Gegenstände zutage. Erwähnenswert sind außerdem die Funde wertvollster merowingischer Goldmünzen, wie sie z. B. in Gräbern bei *Nieder-Beßlingen, Wiltz, Berg* oder *Wasserbillig* entdeckt wurden.

Fränkische Reihengräberfelder sind in Luxemburg ausgesprochen zahlreich. Analog zur so gut wie ausschließlich auf das fruchtbare Gutland konzentrierten Landnahme liegen beinahe alle bis heute entdeckten Grabhügel folgerichtig ebenfalls im südlichen Landesteil des Großherzogtums. Je nach ihrer sozialen Stellung wurden die Toten entweder bloß in einer einfachen Erdgrube bestattet, oder sie erhielten einen Holzsarg, manche sogar einen Steinsarkophag. Als Deckel steinerner Sarkophage wurden häufig schön gearbeitete Steinreliefs verwendet, die man aus römischen Denkmälern herausbrach.

Die Frühzeit der Echternacher Abtei

Das Jahr 698 war eines der wichtigsten in der Geschichte des späteren Großherzogtums Luxemburg, denn damals gründete der aus Northumbrien stammende angelsächsische Benediktinermönch und Utrechter Missionsbischof *Willibrord* die später zu Weltruhm gelangende Echternacher Abtei. Dieses Ereignis sollte das religiöse, wirtschaftliche und kulturelle Leben im Ösling wie im Gutland bis ins ausgehende Mittelalter entscheidend prägen.

Zur damaligen Zeit gehörte das Gebiet Luxemburgs zum *Fränkischen Reich*, das bald nach dem Zusammenbruch der Römerherrschaft vom salfränkischen *König Chlodwig I.* gegründet worden war. Es reichte anfangs vom Rhein bis zur Garonne und wurde bis 614 auf den Raum zwischen friesischer Nordseeküste im Norden, französischer Mittelmeerküste und Pyrenäen im Süden sowie Saale und Lech im Osten ausgedehnt. Die Könige aus dem einst dominierenden Geschlecht der *Merowinger* standen um die Wende vom 7. zum 8. Jahrhundert bereits im Schatten ihrer Hausmeier, der höchsten Hofbeamten, die nach und nach die Macht an sich rissen. *Pippin der Jüngere* setzte 751 schließlich den letzten Merowinger ab und begründete damit die karolingische Dynastie, die das Frankenreich unter *Karl dem Großen* (768–814) zum Höhepunkt seiner Macht führte.

Die hl. Irmina und Pippin, die Echternacher Klosterkirche emporhaltend. Federzeichnung aus dem *Liber aureus* von Echternach, 12. Jh.

Die Gründung Echternachs wäre ohne die großzügige finanzielle und ideelle Unterstützung durch die königlichen Hausmeier nicht möglich gewesen. Es begann mit einer die Entstehung des Klosters einleitenden Schenkung: Die hochadelige Äbtissin von Oeren bei Trier namens *Irmina,* eine Verwandte des mächtigen Hausmeiers Pippin II., überließ Willibrord 698 die erste Echternacher Kirche, die auf einem Hügel der Stadt an genau derselben Stelle stand, an der sich heute die romanische Kirche St. Peter und Paul erhebt. Außerdem gehörte zur Schenkung noch ein Hospiz für schottische Wandermönche. Willibrord baute es zu einer Zufluchtsstätte sowie zu einem Stützpunkt für sich und seine Missionsgefährten aus, und als der fränkische Hausmeier *Pippin II.* dem jungen Kloster 706 auch seinen Anteil am Gut Echternach schenkte, gab es bereits eine von Willibrord um 704 neu errichtete Abteikirche.

Ebenso wie die in engerer Nachbarschaft Luxemburgs gelegenen Klöster St. Maximin in Trier, Stavelot-Malmédy, Andagium (später St-Hubert), Mettlach und Prüm setzte auch die Echternacher Abtei das von den Trierer und Lütticher Bischöfen begonnene Werk der Christianisierung des fränkisch besiedelten Raumes fort. Zwar waren zu Beginn des 7. Jahrhundert die meisten Landbewohner schon getauft, aber dennoch hielt sich das heidnische Element vielfach noch sehr hartnäckig.

Neben der Weiterverbreitung und Erhaltung des christlichen Glaubens taten sich die frühchristlichen Klöster vor allem auch bei der Rodung, Besiedlung und Kultivierung abgelegener Waldgebiete hervor. Dies war möglich, weil die Mönche es im Laufe der Zeit aufgrund großzügiger Spenden von seiten zahlreicher auf ihr Seelenheil bedachter Adeliger zu ansehnlichen Grundbesitzungen brachten. So wuchs die Echternacher Abtei unter den Merowingern durch großzügige Schenkungen zu einer beachtlichen Grundherrschaft an, deren Besitzungen sich bis an den Niederrhein und in die Niederlande erstreckten. In späteren Jahrhunderten übte das Kloster in 125 Gemeinden Luxemburgs die Grundherrschaft aus.

Unter der Gunst und dem Schutz der Karolinger *Pippin III.* und *Karl dem Großen* erlebte das reichsunmittelbare Kloster die erste große Blütezeit. Hinter seinen Mauern weilten einige der bekanntesten Persönlichkeiten der damaligen Zeit, so zum Beispiel *Bonifatius,* der spätere Apostel der Deutschen, oder der aus der angelsächsischen Heimat Willibrords stammende Gelehrte namens *Alkuin,* der sich als Ratgeber Karls des Großen einen Namen machte und zwei Biographien des 739 verstorbenen Willibrords verfaßte. Vor den Mauern der Abtei entstand eine größere Siedlung mit einem Markt als Mittelpunkt.

Unschätzbare ›Pionierdienste‹ leisteten die Mönche von Echternach vor allem auf vielen Gebieten der Kunst, denn ihr Kloster war das einzige kulturelle Zentrum des frühen Mittelalters im Bereich von Ösling und Gutland, das seiner ländlichen Umgebung neue Impulse verleihen konnte. Besonders hervorzuheben sind die *klösterlichen Bauhütten* und das berühmte *Echternacher Scriptorium,* eine der hervorragendsten Schreib- und Malschulen in karolingischer und später noch einmal in ottonischer Zeit.

Das Hauptwerk der frühmittelalterlichen Bauhütten, eine karolingische Basilika, entstand um das Jahr 800. Echternach erfreute sich damals eines regen Pilgerandrangs zu Willibrords Grab, das sich in der alten Klosterkirche von 704 befand. Diese sehr einfache Kirche war jedoch nur rund 24 m lang und konnte den gewaltigen Pilgerstrom kaum noch bewältigen. Man entschloß sich deshalb zu einem völligen Neubau, der von den Klosterbauhütten im Stil der ›karolingischen Renaissance‹ ausgeführt wurde. Charakteristisch für diesen frühmittelalterlichen Kunststil war die Wiederaufnahme antiker Formelemente. Leider blieb von der ersten dreischiffigen Basilika nur die Krypta erhalten – die heutige Unterkirche von St. Willibrord mit dem Grabmal des Heiligen. Obwohl keinerlei urkundliche Überlieferungen über die karolingische Basilika bekannt sind, konnte man anhand von Mauerresten, die beim Wiederaufbau der im Zweiten Weltkrieg stark beschädigten Kirche entdeckt wurden, ziemlich genau die Größe des 1016 bei einer Feuersbrunst bis auf die Grundmauern niedergebrannten Baues feststellen. Er erreichte im Langhaus annähernd die Abmessungen der heutigen Basilika. Baureste im Mittelschiff belegen, daß die karolingische Kirche über dem einst von Willibrord gebauten Kirchlein errichtet wurde und dessen Überreste umfaßte.

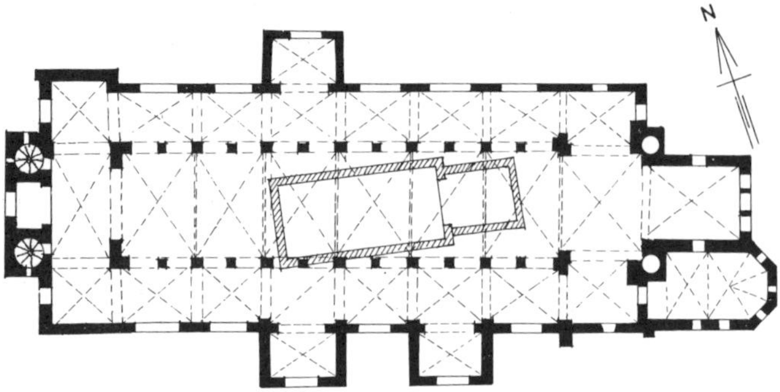

Grundriß der romanischen Abteikirche von Echternach (11. Jh.). Er deckt sich mit dem des karolingischen Baus (8.–9. Jh.) und umfaßt den viel kleineren aus Willibrords Zeit

Das Scriptorium

Die *Echternacher Schreiberschule* des frühen 8. Jahrhunderts ging auf die persönliche Initiative des heiligen Willibrord zurück. Als er und seine Missionsgefährten aus Britannien und Irland aufbrachen, um den christlichen Glauben auf dem Kontinent zu verbreiten, brachten sie als kostbarste Habe wertvolle liturgische Handschriften mit, die sie in Kassetten um den Hals trugen. Im Mal- und Schreibatelier der jungen Echternacher Abtei wurden diese Vorlagen für die Tochtergründungen des Klosters und auch für die Missionstätigkeit der Mönche kunstvoll abgeschrieben.

Die berühmteste Vorlage war das von Willibrord selbst mit nach Luxemburg gebrachte *Willibrord-Evangeliar,* ein Prunkstück englischer Buchmalerkunst, das heute in der Pariser Nationalbibliothek aufbewahrt wird. Es entstand im 7. Jahrhundert und trägt die großartige Handschrift der *columbanischen Schule,* die hinter den Mauern des vom heiligen Columban d. Ä. auf der Hebrideninsel Iona in Südschottland gegründeten Klosters entstand. Hier flossen keltische und germanische Kunstströmungen zusammen. Die Handschrift ist zwar in einem Atemzug mit der nicht minder bekannten *Lindisfarner* Schrift (Britisches Museum) aus derselben Schule zu nennen, steht aber wegen der strengen Formgebung dem zur gleichen Zeit entstandenen englisch beeinflußten irischen *Book of Durrow* (Trinity College, Dublin) wesentlich näher. Ganz charakteristisch sind die jedem Evangelium vorausgehenden Ornamentseiten mit den Symbolen der vier Evangelisten. Besonders häufig werden Tierornamente verwendet, und viele Seiten sind mit Flechtmustern verziert. Typisch auch die verhaltenen Farben und das Spiel von Kurven und Linien.

Als ein schönes Beispiel für die frühe Schaffensperiode des Echternacher Scriptoriums, zu Beginn unter der Schirmherrschaft der merowingischen Herr-

Der Löwe als Markus-Symbol, aus dem *Willibrord-Evangeliar,* irische Kunst des 7. Jh.

Teppichseite (Anfang des Johannes-Evangeliums) aus dem *Book of Durrow*

Teppichseite mit Kreuz aus dem *Book of Lindisfarne*

scher, später unter den Karolingern, kann das im Domschatz zu Trier aufbewahrte *Evangeliar des Mönches Thomas* gelten. Bemerkenswert sind nicht nur die von herrlich gearbeiteten Flechtmustern umgebenen Symbole der vier Evangelisten, die zum Teil keltisch-irische, daneben aber auch mittelmeerisch-koptische Einflüsse zeigen, sondern vor allem auch die Schriften. Die Buchstaben mancher Wörter sind teilweise schon als Vorläufer der *karolingischen Minuskel* anzusprechen, die um 780 als Hofschrift des Fränkischen Reiches entstand. Sie vereinigte halbunziale und kursive Elemente zu einer vereinfachten und klar lesbaren Buchschrift, die sich zur Mutterschrift der gesamten abendländischen Schriftenfamilie entwickelte.

Bildhauerei

Kunstgeschichtlich nicht minder bedeutend als das frühe Echternacher Scriptorium ist auch die frühe Bildhauerschule. Als ihr einziges erhaltenes Werk kann wohl das noch immer sehr wenig beachtete *Echternacher Steinrelief* (Abb. 47) gelten, das ein ›Schattendasein‹ im Staatsmuseum Luxemburg führt, wo es seit 1915 unter dem Namen *Retabel von Rosport* katalogisiert ist: eingestuft als das Werk einer lokalen Werkstatt aus dem 12. Jahrhundert. Der Hamburger Kunsthistoriker *Christian Beutler* entfachte mit seiner Datierung des Werkes in das 8. Jahrhundert eine lebhafte wissenschaftliche Diskussion. Das Steinrelief paßt mit einer Breite von 1,34 m außerdem bis auf 1 cm genau auf jenen bei Ausgrabungsarbeiten in der Echternacher Willibrordus-Basilika entdeckten Altar, der zur merowingischen Klosterkirche gehörte, in der der hl. Willibrord bestattet wurde. Sein Grab befand sich zwischen dem Altar und der ehemaligen Chorrückwand. Nach den fundierten Forschungsergebnissen Christian Beutlers handelt es sich bei dem *Retabel von Rosport* um den Aufsatz dieses Altares.

Das merkwürdige Relief mit seinen fünf fremdartig aussehenden, stupsnasigen Figuren wurde wohl nach der Versteigerung der von französischen Truppen 794 geplünderten Echternacher Abtei in das nur 7 km entfernte Rosport gebracht und fand in der ehemaligen Schloßkapelle einen Platz. Nach deren Abbruch wurde das vermeintlich zweitrangige Kunstwerk in der Rosporter Pfarrkirche untergebracht, bis es 1885 der Staat Luxemburg erwarb. Danach gelangte das Relief über die St.-Quirinus-Kapelle in Luxemburg-Grund im Jahr 1915 schließlich ins Luxemburgische Staatsmuseum. Hier folgt man jedoch nicht den Erkenntnissen Christian Beutlers, und es wird auch mit keinem Wort auf dessen Forschungsergebnisse hingewiesen.

Die stilistischen Parallelen mit dem aus Irland stammenden *Cadmug-Evangeliar,* einer der drei in Fulda aufbewahrten Handschriften aus der persönlichen Habe des hl. Bonifatius, sprechen für das hohe Alter des Echternacher Reliefs. Es muß noch im 8. Jahrhundert entstanden sein, weil die Handschrift aus dem ersten Drittel des 8. Jahrhunderts stammt. Außerdem beziehen sich die dargestellten Figuren des Reliefs – in der Mitte Maria mit dem Kind, zu beiden Seiten daneben die beiden Apostel Petrus (in der Hand einen großen Schlüssel haltend) und Paulus sowie ganz außen Willibrord und Bonifatius – auf die Echternacher Abtei. Daß es sich bei den beiden äußeren Figuren um Willibrord und Bonifatius handeln muß, verraten ihre Gewänder mit dem Y-förmigen Pallium, einer päpstlichen Auszeichnung, die im Frankenreich nur diesen beiden Personen verliehen worden war.

Die Deutung des Echternacher Steinreliefs als einen der ältesten bekannten Altaraufsätze, von hohem Wert innerhalb der Geschichte der europäischen Skulptur, wird vom Luxemburgischen Staatsmuseum skeptisch betrachtet; man zieht die Datierung des 12. Jahrhunderts vor.

Romanische und gotische Kunst

Das mittelalterliche Luxemburg war ein ländlich-bäuerliches Gebiet, das abseits der großen abendländischen Kulturzentren der damaligen Zeit lag. Im Osten des Landes wurde der Einflußbereich der ehemaligen römischen Metropole Trier wirksam, einer wichtigen mittelalterlichen Bischofs- und Handelsstadt. Von herausragender Bedeutung war hier ebenfalls die *Echternacher Abtei,* die auch noch nach karolingischer Zeit ein kulturelles Zentrum war. Hier wurde bis ins ausgehende 11. Jahrhundert Epochemachendes geleistet, und der Ruf der ›neuen‹ Schreiberschule war weit über Luxemburg hinaus bekannt. Der Einfluß der Echternacher Benediktinermönche war jedoch innerhalb Luxemburgs nicht groß genug, um der Kunst im übrigen Land entscheidende Impulse verleihen zu können. Die wiederaufgebaute Echternacher Abteikirche kann als eines der bedeutenden romanischen Bauwerke im Moselraum bezeichnet werden. Einige Pfarrkirchen wie beispielsweise Sankt Laurentius in Diekirch oder Sankt Peter und Paul in Echternach stellen einfache Monumente der romanischen Kunst dar. Aus dem Zeitalter der Gotik stammen zahlreiche Architekturelemente in Burgen und Kirchen. Verwiesen sei auf Wiltz, Holler oder auch Vianden mit seiner bekannten Trinitarier-Kirche. Gotische Skulpturen wie Kreuzigungsgruppen, Heiligenfiguren und Grabdenkmäler stammen sowohl von einheimischen Handwerkern als auch aus Lothringer und Trierer Werkstätten.

Die ›neue‹ Echternacher Buchmalerei

Unter den Nachfolgern Karls des Großen litt Echternach ebenso wie die meisten anderen Reichsabteien unter dem im ganzen Reich allgemein einsetzenden Verfall. Laienäbte bestimmten über die Geschicke des Echternacher Klosters, und sie vergaben die einst riesigen Ländereien an weltliche Herrscher. Außerdem wurde das Land bis Ende des 9. Jahrhunderts des öfteren von den furchtbaren Raubzügen der Normannen heimgesucht, denen dann im 10. Jahrhundert die Einfälle der Ungarn folgten. Die brandschatzenden Reiterhorden konnten erst 955 von Kaiser Otto I. vernichtend geschlagen werden. 23 Jahre später führte Otto I. in Echternach die Benediktinerregel wieder ein, und zwar auf Drängen von *Graf Sigfrid,* dem letzten Laienabt und Gründer der Stadt Luxemburg. Das Kloster wurde für seine Gebietsverluste durch neue Schenkungen des Kaisers entschädigt und unter seinen Schutz gestellt.

Damit war die Wiederherstellung des geistigen und kulturellen Klosterlebens eingeleitet. Das unter Karl dem Großen so berühmt gewordene Echternacher

Der Evangelist Lukas, aus dem *Codex aureus* von Echternach, 11. Jh.

Scriptorium nahm seine Tätigkeit wieder auf, und um die Mitte des 10. Jahrhunderts gab es bereits mehrere wertvolle *Schulhandschriften*, die bei der Ausbildung der Mönche Verwendung fanden. Die prachtvollsten Evangeliare wurden jedoch auf Bestellung der ottonischen und später auch der salischen Kaiser angefertigt. Der ursprünglich rein irisch-angelsächsische Stil ging eine überaus gelungene Verbindung mit byzantinischen Einflüssen ein, und der einstige Ruhm der karolingischen Schreiberschule wurde recht bald sogar noch übertroffen. Als herausragendste Beispiele dieser zweiten, ottonischen Echternacher Blütezeit gelten der im Germanischen Nationalmuseum (Nürnberg) aufbewahrte *Codex aureus* (Abb. 45, vor 1040) und die *Bilderbibel im Escorial* bei Madrid. Ein weiteres Prachtexemplar, das *Echternacher Perikopenbuch* Heinrichs III. (um 1040), befindet sich in der Staatsbibliothek Bremen.

Um 1060 ging diese zweite, nur etwa 30 Jahre dauernde Glanzzeit des Echternacher Scriptoriums aber bereits wieder zu Ende. Als Ursache hierfür kamen keineswegs Rückschritte auf künstlerischem Gebiet in Frage. Nach dem Tod Heinrichs III. war es vielmehr so, daß seine Nachfolger keine Bestellungen mehr aufgaben, so daß es keinerlei Gründe mehr für die Anfertigung wertvollster Evangeliare gab. Trotzdem entstanden später noch zwei erwähnenswerte Handschriften, die heute beide in der Landesbibliothek Gotha aufbewahrt werden: das *Liber floridum* von Abt Theofrid (Anfang 12. Jh.) und das *Liber aureus* (Ende 12. Jh.), dessen filigrane Dessins bereits charakteristische Merkmale der Gotik tragen.

Kirchen

Ausgesprochen sehenswerte mittelalterliche Kirchen gibt es in Luxemburg nur einige wenige. Die beiden bedeutendsten stehen in Echternach. Da ist zum einen die eindrucksvolle, weit über die Landesgrenzen hinaus bekannt gewordene *St.-Willibrord-Basilika* (Farbabb. 33 u. 34), die nach ihrer Zerstörung im Zweiten Weltkrieg nach dem Vorbild der 1031 geweihten romanischen Abteikirche wiederaufgebaut wurde. Ihr schlichter und dennoch großartig wirkender Innenraum wird durch den selten anzutreffenden Stützenwechsel von Pfeilern und Säulen belebt, wie wir ihn ähnlich auch am Niederrhein und in Hildesheim kennen. In der gut erhaltenen karolingischen Krypta befand sich ursprünglich das Grab des hl. Willibrord.

Nicht weit von St. Willibrord entfernt erheben sich auf einer kleinen Anhöhe die beiden romanischen Türme der *Kirche St. Peter und Paul* (Abb. 46). Das gegen Ende des 15. Jahrhunderts mit gotischen Gewölben und zum Teil mit Spitzbogen-

Der hl. Willibrord, Mittelteil des Triptychons aus der Echternacher Pfarrkirche, 1604

fenstern ausgestattete Bauwerk steht genau dort, wo sich zur Römerzeit eine Festungsanlage befand und wo vor 698 bereits die erste Echternacher Kirche, gegründet durch die hl. Irmina, errichtet worden war. Auch St. Peter und Paul besitzt eine ausgezeichnet restaurierte Krypta, die bereits gegen Ende des 10. Jahrhunderts existiert hat. Kaum jünger (Anfang 11. Jahrhundert) ist die Kirche selbst.

Außerhalb Echternachs sind aus der romanischen Epoche nur relativ unbedeutende Sakralbauten erhalten geblieben, so z. B. die Pfarrkirche in *Diekirch* (St. Laurentius, Farbabb. 36) und in dem kleinen Dorf *Lenningen* (Abb. 71). Von anderen Bauwerken stehen nur noch romanische Teile, vor allem mehrere Kirchtürme in den Tälern von Sauer und Mosel. Bemerkenswert ist, daß alle romanischen Bauwerke in Luxemburg mit Ausnahme von Lenningen unter dem unmittelbaren Einfluß Echternachs entstanden sind.

Etwas mehr – zumindest zahlenmäßig – ist aus der Zeit der Gotik übriggeblieben: Im Gutland sind vor allem die Kirchen von Waldbredimus (Abb. 76),

Frisange, Aspelt, Septfontaines (Abb. 66), Ospern, Rindschleiden und Luxemburg (St. Michael, Abb. 29) hervorzuheben; im Ösling besitzen u. a. Wiltz (Niederwiltz), Holler, Munshausen und Vianden (Abb. 8) schöne gotische Kirchen. Burgen und Schlösser werden in einem gesonderten Kapitel behandelt.

Renaissance und Barock

Geburtsland der Renaissance war Italien, wo sich seit dem 15. Jahrhundert ein neues, an Vorbildern aus der Antike orientiertes Lebensgefühl der Menschen entwickelte. Die humanistische Denkweise breitete sich zunächst nur zögernd, dann aber immer rascher über ganz Europa aus. Dennoch dauerte es außerhalb von Italien noch mehr oder weniger lange, bis sich die neue Zeitströmung auch auf den Gebieten von Kunst und Architektur durchsetzte und die Stilmerkmale der Gotik endgültig ablöste.

Besonders spät vollzog sich der Umschwung in Luxemburg, wo er sich, von wenigen Ausnahmen abgesehen (z. B. Schloß Wiltz), vor allem auf die Hauptstadt konzentrierte, die sich inzwischen zum Zentrum des Landes entwickelt hatte. Es dauerte immerhin bis zur zweiten Hälfte des 16. Jahrhunderts, bis die ersten Luxemburger Renaissancebauten entstanden. Maßgeblichen Anteil an der neuen Entwicklung hatte *Graf Peter Ernst von Mansfeld,* der 1545 von Kaiser *Karl V.* als Gouverneur des Herzogtums eingesetzt wurde. Unter seiner fast 60 Jahre dauernden Statthalterschaft konnte sich die Stadt Luxemburg von vorausgegangenen Zerstörungen erholen: 1542 sowie 1543/44 Belagerung und Einnahme durch die Franzosen und drei Gegenbelagerungen und Rückeroberung durch die Truppe Karls V. Die alten Adelssitze und Patrizierhäuser der Stadt wurden dabei ebenso zerstört wie das Grafenschloß und die 1083 gegründete Altmünsterabtei. Was noch übriggeblieben war, ging 1554 bei einer gewaltigen Pulverexplosion zugrunde.

Ein Neubeginn war unumgänglich geworden. Bisher hatte man die Errichtung größerer, d. h. kostspieliger Bauwerke vermieden, weil Luxemburg seit dem Beginn der habsburgischen Fremdherrschaft im Jahr 1477 zum ständigen Zankapfel zwischen Österreich, Frankreich und Spanien geworden war. Kriegerische Auseinandersetzungen und ihre Zerstörungen gehörten zum Alltag, so daß größere Investitionen zu riskant waren. Nun aber herrschte zunächst eine Phase der Konsolidierung, und Graf Mansfeld leitete 1563 mit dem Baubeginn an seinem Prunkschloß in der Vorstadt Clausen die endgültige Übernahme des Renaissancestils ein.

Zuvor waren bereits in der heutigen Königinstraße, in der Kongregationsgasse, im Knuedelerloch und am Breitenweg erste einfache Renaissancegebäude entstan-

2 Burg Vianden, Detail vom Eingangstor

◁ 1 Blick auf Burg Vianden

4 Burg Vianden, Burgkapelle

3 Burg Vianden, Eingang zum Byzantinischen Saal

5 Vianden, Grabplatte im Kreuzgang der Trinitarierkirche

6 Burg Vianden, Westseite

7 Vianden, Kreuzgang der Trinitarierkirche

8 Vianden, Trinitarierkirche

9 Vianden, Blick auf den Altar der Trinitarierkirche

10 Die Burg von Clervaux

11 Abteikirche von Clervaux ▷

PAX

AND HOTEL CENTRAL

13 Hachiville, Pfarrkirche

◁ 12 Blick auf Clervaux im Tal der Clerve

14 Hachiville, Detail des Schnitzaltars in der Pfarrkirche

15 Hachiville, Inneres der Pfarrkirche

16 Troisvierges, ehemalige Franziskanerkirche

17 Diekirch, Römisches Mosaik mit dem Medusenhaupt (Städt. Museum)

18 Schloß Bettendorf

19 Burgruine Bourscheid

20 Oberwiltz

21 Esch-sur-Sûre mit Burgruine

22 Innenhof von Schloß Wiltz

23 Blick auf Schloß Wiltz

24 Rindschleiden mit Pfarrkirche

25 Fresken in der Kirche von Rindschleiden ▷

26/27 Europäisches Zentrum Kirchberg in Luxemburg-Stadt, Skulptur im Vordergrund von Henry Moore

28 Luxemburg, Place d'Armes ▷

29 Luxemburg, St. Michael und Goethe-Denkmal ▷

TOURISME

Karl V., Kaiser von Deutschland, König von Spanien, Regent der Niederlande, Herzog von Luxemburg (1506–1555)

den; ebenso auf den Wällen über dem Pfaffenthalerberg, wo das Mansfeldsche Amtsgebäude, der heutige *Justizpalast* (Abb. 32), errichtet wurde. Leider ist das einstige *Prunkschloß des Gouverneurs* in späteren Jahren allmählich verfallen und schließlich bis auf zwei Portale vollkommen verschwunden (Abb. 36). Aus Mansfelds Sammlung römischer Skulpturen und Inschriften, die er überall aus Luxemburg und der näheren Umgebung zusammentragen ließ, sind noch einige Stücke im Staatsmuseum zu sehen. Das meiste ging jedoch verloren oder steht heute in ausländischen Museen (Brüssel, Madrid).

1572 wurde dann ein neues Rathaus im Stil der spanischen Renaissance gebaut, das heute den älteren Teil des *Großherzoglichen Palastes* bildet (Farbabb. 13, Abb. 31). Die Fassade ist mit arabeskenähnlichen Verzierungen geschmückt – nördlich der Pyrenäen eine wirkliche Seltenheit. Ein weiteres Beispiel spanischer Renaissance, die Maison du Chevalier Michel, entstand jenseits der französischen Grenze im nahen *Marville,* das früher einmal zu Luxemburg gehörte. Ein letztes großes Werk der Renaissance, im Detail aber bereits unverkennbar von Stilelementen des frühen Barock beeinflußt, ist die 1613–1621 erbaute ehemalige *Jesuitenkirche*, die heute den älteren Teil der *Kathedrale Notre Dame* (Farbabb. 9, Abb. 38–41) bildet.

Die Epoche des Barock stand in Luxemburg ganz unter dem Zeichen des Festungsbaus. Er nahm Dimensionen an, neben denen die wenigen bescheidenen Barockkirchen außerhalb der Hauptstadt (z. B. Junglinster, Mondorf-les-Bains, Mondercange, Koerich u. a.) ebenso verblaßten wie die kleinen Barockschlösser von Ansembourg, Bettembourg und andere. Aufsehen vermochte lediglich die *Echternacher Abtei* zu erregen, und zwar ein letztes Mal im Lauf ihrer 1100jährigen Geschichte, bevor sie 1797 aufgelöst wurde: Unter der Leitung der Tiroler Baumeisterfamilie *Mungenast* entstanden ab 1727 die großartigen neuen Abteigebäude, die zusammen mit ihren Höfen, Gärten, Statuen, Springbrunnen und der Orangerie einer fürstbischöflichen Residenz würdig gewesen wären.

Das Schloß des Grafen Peter Ernst von Mansfeld. Ausschnitt aus einem Kupferstich aus: Joannes Blaeu, *Novum ac magnum theatrum urbium Belgicae regiae...*, Amsterdam 1649. Luxemburg, Bibliothèque Nationale

Die *Stadt Luxemburg*, als mittelalterliche Festung erbaut, galt schon damals als uneinnehmbar. Diesen zweifelhaften Ruf zerstörten erstmals die Burgunder unter Philipp dem Guten (1443), und später eroberten auch die Truppen Franz I. von Frankreich die Stadt zweimal, obwohl die Festung damals den modernsten Verteidigungsanforderungen genügte. Nach der Eroberung durch die Truppen Ludwigs XIV. (1684) baute kein Geringerer als der berühmte *Vauban* die Befestigungsanlagen über die mittelalterlichen Stadtgrenzen hinaus und erneuerte den Ruf Luxemburgs, die stärkste Festung der Welt zu sein. Damals erhielt die Stadt ihr endgültiges Aussehen, das ab 1714, nach dem Abzug der Franzosen, von den Österreichern lediglich noch modifiziert wurde. Aber auch die perfekten Verteidigungsbauwerke Vaubans konnten es nicht verhindern, daß Luxemburg 1795 nach längerer Belagerung durch die Franzosen kapitulieren mußte.

Luxemburg – ein Burgenland

Es gibt wohl kaum ein anderes Land der Welt, das im Verhältnis zu seiner Größe so viele Burgen besitzt wie Luxemburg. Immerhin sind von den etwa 150 Anlagen, die es zur Zeit Johanns des Blinden (14. Jh.) gegeben hat, noch 76 vorhanden, teils als Ruinen, teils aber auch noch sehr gut erhalten. Daraus ergibt sich bei einem nur 2586 km^2 großen Staatsgebiet, daß durchschnittlich eine Burg oder Burgruine auf eine Fläche von 34 km^2 entfällt. Man muß also rein rechnerisch maximal etwa 8 km weit fahren, um von einer Burg zur anderen zu gelangen. Meist ist die Entfernung zwischen zwei benachbarten Burgen sogar noch geringer.

Das hört sich alles sehr theoretisch an, doch bei einer Rundreise durch Luxemburg findet man diese Rechnung annähernd bestätigt. Burgen sind ein charakteristisches Landschaftselement, dem man überall begegnet. Die weitaus meisten von ihnen thronen an exponierter Stelle auf einem Bergsporn, hoch über einem gewundenen Flußtal – strategisch günstige Positionen also, von denen aus man die nähere Umgebung bestens überwachen und beherrschen konnte. Ganz gleich, ob die alten Zeugen einstiger Wehrhaftigkeit heute halb verfallen sind oder noch in irgendeiner Form genutzt und unterhalten werden: Sie fügen sich derartig harmonisch in das anmutige Landschaftsbild ein, als wenn sie schon von Anfang an dazu gehört hätten.

Weniger auffallend im Gelände, aber keineswegs reizloser, ist ein zweiter Burgentyp, der besonders im Gutland vorkommt. Es sind Anlagen, die auf den Talböden stehen. Um im flacheren Gelände gegen feindliche Angriffe geschützt zu sein, waren sie von Wassergräben umgeben. Diese sind heute leider nur noch in den seltensten Fällen vorhanden und auch dann nur bruchstückhaft.

Wie beherrschend die Burgen im luxemburgischen Landschaftsgefüge sind, läßt sich nicht nur auf einer Reise durch das Großherzogtum beobachten. Ihre überragende Bedeutung wurde im 19. Jahrhundert auch zunehmend von Schriftstellern und Künstlern erkannt und dargestellt. Das Burgenthema beherrschte größere Teile ihrer Arbeiten. Einige wichtige Beispiele, wie sie in einem Aufsatz über die Burgen Luxemburgs zusammengetragen sind, seien hier nur am Rande erwähnt: So erhielt im Jahr 1874 Großherzog Wilhelm III. zu seinem 25. Jubiläum

Burg Schoenfels, 1873. Holzstich von A. Barbere nach einer Zeichnung von Willem Hecking jr. Luxemburg, Bibliothèque Nationale

als Throninhaber Luxemburgs eine Serie kostbarer Fayencen geschenkt, hergestellt in den Echternacher Fayencerien Zens. Von den 24 Teilen tragen 13 Motive mit luxemburgischen Burgen. In einem 1834 veröffentlichten Reisebericht mit dem Titel »Voyage pittoresque à travers le Luxembourg« widmete der Autor den Burgen 29 von 42 Seiten. Last not least hat sich sogar ein so berühmter Mann wie Victor Hugo eingehend mit den Burgen des Großherzogtums beschäftigt. Kein Wunder, denn er bereiste das Land während seines Exils (1851–1870) und auch kurz danach (1871) mehrere Male und war immer aufs neue von den großartigen Burganlagen beeindruckt. Es gibt sogar einen Aufsatz, der sich eingehend mit dem Thema »Victor Hugo et nos burgs« beschäftigt.

Die Burgen beherrschen in Luxemburg aber nicht nur das Landschaftsbild – quasi als mittelalterliche Hintergrundkulisse. Sie sind gleichermaßen ein wesentliches Element in der nationalen Kunstgeschichte. In dieser Eigenschaft gehen sie weit über ihre bloße militärgeschichtliche Bedeutung hinaus. Im Mittelalter, und dies war die Epoche der Burgengründungen, bezog sich Kunst nämlich auf alle Bereiche des Lebens, also auch auf den militärischen Sektor. Besonders zur Zeit der Gotik entwickelte sich die Profanarchitektur parallel zur sakralen Baukunst, und zwar nach gleichgearteten stilistischen Mustern. In Luxemburg war es sogar so, daß auf dem Gebiet des Festungsbaus architektonisch bemerkenswertere Schöpfungen gelangen als im Bereich kirchlicher Baukunst.

Die Entstehung der mittelalterlichen Burgen hing sehr eng mit der Entwicklung des Lehnswesen zusammen, das sich seit der Karolingerzeit allmählich als neue Rechts- und Gesellschaftsordnung des Hochmittelalters im Reich etablierte. Die Könige umgaben sich mit zahlreichen Vasallen, um ihre Macht zu sichern und zu stärken. Jeder Vasall gelobte, dem König (Kriegs-)Dienste und Gehorsam zu leisten. Als Gegenleistung bekam er sogenannte Benefizien, das heißt meistens die Nutzungsrechte an größeren Ländereien zugesprochen. Ein solches Lehen wurde anfangs nur auf Zeit vergeben, aber es dauerte nicht lange, bis es erblich wurde. Spätestens zu diesem Zeitpunkt scheuten die Lehnsherren keine Kosten, um auf ihrem Territorium einen befestigten Stammsitz, eine Burg also, zu errichten, um gegen feindliche Übergriffe geschützt zu sein.

Zu Beginn des Lehnswesens gab es erst ganz wenige Burgen, denn die Zahl der königlichen Vasallen hielt sich zunächst noch in Grenzen, und die Lehen waren auch nur auf Zeit vergeben, also nicht auf etwaige Erben übertragbar. Außerdem, und das ist sicher ein ganz wesentlicher Aspekt, gab es unter den Merowingern und danach unter den Karolingern im Bereich des heutigen Luxemburg fast 400 Jahre lang keine kriegerischen Auseinandersetzungen, die Verteidigungsanlagen dringend notwendig gemacht hätten.

Burg Useldange, um 1857. Lithographie von A. Cassagne nach einer Zeichnung von J.-B. Fresez. ▷
Luxemburg, Bibliothèque Nationale

Die vermutlich älteste Burg auf luxemburgischem Gebiet stand auf dem 422 m hohen Mont Soleuvre östlich von Differdange. Vom Gipfel des Berges hat man einen umfassenden Rundblick auf die nähere und weitere Umgebung – ein idealer Standort für eine Burg. Die Anlage, deren Spuren heute noch zu sehen sind, wird angeblich bereits in einer Urkunde aus den Jahren 793/94 erwähnt. Allerdings bestehen noch berechtigte Zweifel daran, denn die Urkunde selbst ist nie aufgefunden worden. Man weiß nur durch schriftliche Aufzeichnungen der Echternacher Abtei aus dem 12. Jahrhundert von ihrer Existenz.

Eine erste Welle von Burgengründungen in Luxemburg und Umgebung war zwischen der Mitte des 9. und 10. Jahrhunderts zu verzeichnen. Hierfür gab es mehrere Gründe: Der allmähliche Verfall des Karolingerreiches führte zum Niedergang der königlichen Zentralgewalt und damit verbunden zu allgemeiner Unsicherheit. Die Entwicklung des Lehnswesens schritt deshalb immer schneller voran, denn nur hierin sahen die Großen des Reiches die Möglichkeit, ihre Machtposition zu behaupten. Außerdem fielen die Normannen aus den Mündungsgebieten von Maas und Schelde zwischen 881 und 892 insgesamt fünfmal plündernd, mordend und brandschatzend in die Mosellande ein. Ihnen folgten wenig später die Ungarn, die 917 und 919 aus dem süddeutschen Raum westwärts über den Rhein vorstießen. 926 und 927 zitterte man erneut vor ihnen. Schutz vor dieser Gefahr war vom zerrütteten Reich nicht zu erwarten, so daß die mächtigeren und wohlhabenderen Lehnsherren und Klöster zur Selbsthilfe greifen mußten. Auf dem Gebiet des heutigen Luxemburg entstanden damals neben Soleuvre vermutlich noch die Burgen von Stadtbredimus an der Mosel und Larochette sowie in der Nachbarschaft Thionville, Arlon und Montclair bei Mettlach an der Saar. Die erste Urkunde über den Bau einer luxemburgischen Burg datiert vom 3. Juni 927. Damals erhielt ein gewisser Maingaud von der Abtei Stavelot das Gebiet um Esch-sur-Sûre zum Lehen. Er errichtete dort eine erste Burg auf dem Bergsporn hoch über dem Fluß, auf dem noch heute die Ruinen eines späteren Neubaus stehen (Farbabb. 4, Abb. 21). 955 wird bereits Burg Beaufort erwähnt (Umschlagabb. Vorderseite), und 963 erwarb Graf Sigfrid vom Kloster St. Maximin in Trier das Lucilinburhuc (kleine Burg) genannte Kastell auf dem Bockfelsen über dem Tal der Alzette, dessen Name die heutige Stadt und das Großherzogtum Luxemburg tragen. Aus dem Kastell wurde innerhalb weniger Jahre eine feste Wohnburg, Stammsitz der späteren Grafen von Luxemburg, die rund 150 Jahre lang die Vorherrschaft im Raum zwischen Maas und Mosel behaupteten.

Ein regelrechter Burgenboom setzte dann gegen Ende des 11. Jahrhunderts ein und hielt bis ins ausgehende 12. Jahrhundert an. Er wurde durch Kaiser Konrad II. eingeleitet, der 1037 die Vererbbarkeit aller Lehen einführte. Die Anzahl der

Ruine von Schloß Brandenbourg, 1856. Holzstich von G. Vanderhecht, veröffentlicht im *Magasin pittoresque,* Paris 1856. Luxemburg, Bibliothèque Nationale

Lehnsherren stieg nun aufgrund von Erbteilungen sprunghaft an, und wenn es schon vorher nicht leicht war, die Lehnsabhängigkeit der ersten Burgherren aufzuklären, so wurde es nun gänzlich unmöglich. Nach- und nebeneinander wurden urkundlich erwähnt (u. a. nach A. Nothumb) die Herrschaft von Bourscheid (um 1080, Farbabb. 3, Abb. 19), Vianden (um 1090, Farbabb. 1, Abb. 1–8), Useldange (um 1076–1110), Kahler und Bech (1097), Fischbach (1111), Clervaux (Farbabb. 6, Abb. 10) und Hollenfels (1129, Farbabb. 23), Ansembourg (Farbabb. 22), Dommeldange, Reckange-lez-Mersch und Mertert (1135), Mamer (1166), Bertrange (1171), Meysembourg (Farbabb. 37), Larochette und Falkenstein (1176), Wiltz, Schoenfels (Abb. 65), Aspelt, Weiler-la-Tour und Alzingen (1182) sowie Bettembourg (Abb. 79), Beaufort und Hassel (gegen Ende des 12. Jh.). Diese

Esch-sur-Sûre (ehemals: Esch le Trou-sur-la-Sûre), 1825. Lithographie von Jean-Baptiste Madou. Luxemburg, Bibliothèque Nationale

Liste ließe sich noch um weitere Namen verlängern. Viele Lehnsherrschaften und ihre Burgen gab es übrigens schon lange vor der ersten urkundlichen Erwähnung.

Bei so vielen Rittersitzen mit ihren Trutzburgen auf engstem Raum blieb es natürlich nicht aus, daß man sich gegenseitig aufs heftigste befehdete, zumal die zentrale Macht des Reiches bereits so stark angeschlagen war, daß der Kaiser die Streitigkeiten seiner Vasallen nicht verhindern konnte. Es galt ganz einfach das Recht des Stärkeren, und das waren bis 1443, als Luxemburg burgundisch wurde, ohne Frage die Grafen von Luxemburg und ihre Nachkommen. Sie dehnten ihren Machtbereich sukzessive zu Lasten der schwächeren Ritter aus, und bis zum Ende des 13. Jahrhunderts konnten sie sich bis auf wenige Ausnahmen alle anderen Herrschaftssitze hörig machen. Zu den wenigen Ausnahmen zählten vor allem die Herren von Clervaux und von Vianden. Letztere waren gleich nach den Luxemburgern die stärkste Macht im Lande. Als Zeichen ihres Wohlstands besaßen sie wohl auch mit Abstand die prachtvollste Hofburg, deren sorgfältig restaurierte Überreste zu den eindrucksvollsten Burgruinen Europas gehören.

Wie eingangs bereits erwähnt, thronen die meisten luxemburgischen Burgen auf steilen, schwer zugänglichen Felsspornen. Diejenigen Anlagen, die sich auf ebenen Talböden ausbreiteten, scheinen eher eine Ausnahmeerscheinung gewesen zu sein. Diesen Eindruck gewinnt man zumindest dann, wenn man nur den heutigen Bestand betrachtet. Ursprünglich aber war das Verhältnis gerade umgekehrt: Die auf Anhöhen gelegenen Burgen waren eindeutig in der Minderzahl. Allerdings ist von ihnen weitaus mehr erhalten geblieben, denn ihre schwer zugängliche und somit strategisch weitaus günstigere Lage erschwerte einerseits ihre Eroberung und Zerstörung durch anstürmende Feinde, und andererseits waren sie als Ruinen weitaus unbequemere ›Steinbrüche‹ als die leicht erreichbaren Ruinen der in ebenem Gelände angesiedelten Anlagen.

Die geographische Verbreitung der beiden grundverschiedenen Burgentypen – Höhen- bzw. Tallage – war zwangsläufig den landschaftlichen Gegebenheiten Luxemburgs angepaßt. Als Folge der natürlichen Zweiteilung des Landes in das gebirgigere Ösling und in das reliefärmere, wenngleich auch nicht ganz ebene Gutland stand den Burgenbauern im Norden ein größeres Angebot strategisch günstiger Felsplattformen zur Verfügung. Dies bedeutet jedoch keineswegs, daß es nicht auch im Gutland an den Flanken der tief eingeschnittenen Flußtäler optimale Burgenstandorte gegeben hat. Als Paradebeispiel sei nur an die Festung der Stadt Luxemburg erinnert. Die vergleichsweise große Anzahl heute nicht mehr vorhandener Anlagen im Gutland – fast ausnahmslos an ebenen Standorten – zeigt jedoch, daß hier die Burgen in Höhenlage seltener waren als im Ösling.

In Abhängigkeit von den Geländeformen entwickelte sich bei beiden Burgentypen ein jeweils unterschiedliches Grundrißschema. Burgen in Höhenlage, die alle strategischen Gunstfaktoren ihres Standortes ausnutzen wollten, mußten sich wohl oder übel den Geländeverhältnissen anpassen. Ihre Grundrisse sind deshalb mehr oder weniger unregelmäßig, fast ohne jede Rücksicht auf die im Festungsbau üblicherweise angewendeten Schemata, die aus strategischen Gründen von Anfang an am Prinzip strikter Regelmäßigkeit ausgerichtet waren. Diesem Prinzip folgten hingegen alle luxemburgischen Burganlagen, die in ebenem Gelände angelegt wurden.

Im Gegensatz zu unregelmäßig angelegten Burgen wie z. B. Bourscheid, Ansembourg oder Vianden, deren Individualität selbst von absoluten Laien auf Anhieb erkannt wird, besitzen die Burgen in Tallage einen recht einheitlich wirkenden rechteckigen bis quadratischen Grundriß. Vermutlich ging diese aus militärischer Sicht vorteilhafte Form auf gallo-römische und fränkische Traditionen zurück, denn anders ist beispielsweise die große Ähnlichkeit mit den gallo-römischen Villen und ihren Grundrissen kaum zu erklären.

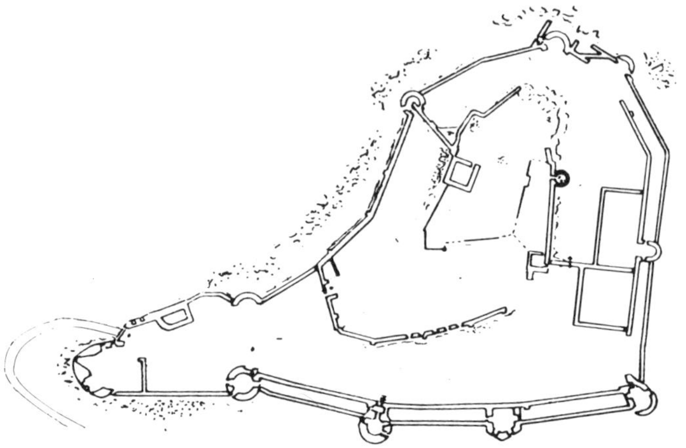

Plan einer Burg in Höhenlage (Bourscheid)

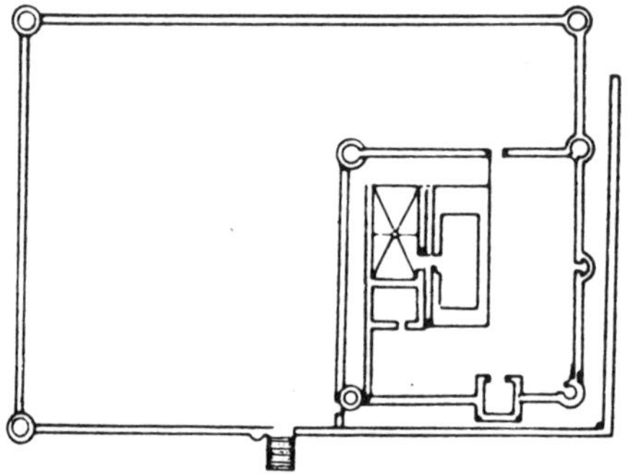

Plan einer Burg in Tallage (Mersch)

Die Blütezeit der Burgen hielt etwa 400 Jahre lang an. Aber um die Mitte des 15. Jahrhunderts setzte unwiderruflich der Niedergang ein. Er fiel mit der Eroberung Luxemburgs durch Philipp den Guten und dem Anschluß des Herzogtums an das Großburgundische Reich (1443) zusammen. Die militärisch-strategische Bedeutung der mittelalterlichen Burgen war nach der Erfindung der Feuerwaffen auf ein Mindestmaß gesunken, und als Karl der Kühne, Nachfolger Philipps des Guten, die ersten beweglichen Feldgeschütze bauen ließ, konnte der Exitus des Burgensystems nur noch eine Frage der Zeit sein. Es dauerte allerdings noch einmal rund 200 Jahre, bis die Franzosen zwischen 1684 und 1690 diejenigen Burgen, die noch unzerstört geblieben waren, schleiften, nachdem die Anlagen ihnen während der Kriege Ludwigs XIV. zunächst noch als Truppenstützpunkte gedient hatten. Als einzige entgingen die Burgen von Vianden, Clervaux, Ansembourg, Hollenfels und einige kleinere Anlagen wie Mersch, Berg oder Bewart der Zerstörung. Ihre militärische Funktion war ohnehin auf dem absoluten Nullpunkt angelangt.

Gleichzeitig mit dem Burgensterben stellte sich auch ein Gesinnungswandel ihrer Besitzer ein. Die mittelalterlichen Wohnverhältnisse genügten längst nicht mehr ihrem gestiegenen Bedürfnis nach mehr Bequemlichkeit. Vor allem gefragt waren hellere Räume mit großen Fensterflächen und mehr Platz, Wohnkomfort, der in der Enge mittelalterlicher Festungsbauwerke ganz einfach fehlte. Um diesen Ansprüchen gerecht werden zu können, entstanden in der Nachbarschaft der alten Burgen häufig neue Adelssitze – meistens hübsche Renaissance- und Barockschlößchen mit französischen Gärten. Als bekanntes Beispiel gilt Ansembourg. Die mittelalterliche Burg thront hoch über dem Tal der Eisch, und unten am Ufer des Flusses steht das neue Barockschloß (Farbabb. 22 und 24, Abb. 64).

Reisen in Luxemburg

Luxemburg ist zwar eines der kleinsten Länder Europas, aber es ist dennoch größer, als man nach einem flüchtigen Blick auf die Landkarte meinen könnte. Bedenkt man, daß die Sehenswürdigkeiten des Landes ziemlich gleichmäßig über die Gesamtfläche verteilt sind, so ist es keineswegs übertrieben, von »Reisen in Luxemburg« zu sprechen. Auf den schmalen und kurvenreichen Nebensträßchen kommt man ohnehin relativ langsam voran, und außerdem muß man an sehr vielen Stellen zu Besichtigungen aussteigen. Rechnen wir alles zusammen, so muß man für eine Reise durch Luxemburg doch gut vier bis fünf Tage rechnen, wenn man sich einen halbwegs vollständigen Eindruck verschaffen möchte. Dabei kann man mit Leichtigkeit an die 600 km zurücklegen. Weitere ein bis zwei Tage kommen für den Besuch der Hauptstadt hinzu.

Das Ösling

Quer durch Luxemburg verläuft eine – wie man in der Literatur immer wieder nachlesen kann – markante Landschaftsgrenze zwischen dem Ösling im Norden und dem Gutland im Süden. Die prägnanten Unterschiede zwischen beiden Landschaften lassen sich im Gelände tatsächlich kaum übersehen: Aber man erkennt sie nur dann, wenn man beide Landesteile wirklich kreuz und quer bereist, denn trotz aller Verschiedenheit haben beide Landschaften Gemeinsamkeiten, die die Gegensätze teilweise verwischen. An vielen Stellen erreichen die Hügel des Gutlandes Höhen oder die Täler Tiefen, daß man meinen könnte, im Ösling zu sein. Umgekehrt kann im Ösling die Landwirtschaft den Wald mancherorts so zurückdrängen und der Hochflächencharakter so stark in den Vordergrund treten, daß echte Zweifel darüber aufkommen, in welcher der beiden Landschaften man sich gerade befindet (Farbabb. 5).

Vianden

Die 1600 Einwohner zählende Kantonshauptstadt Vianden liegt malerisch im tief eingeschnittenen Tal des Flüßchens Our an der deutsch-luxemburgischen Grenze. Der Ort ist wohl die meistbesuchte Sommerfrische Luxemburgs und eines der beliebtesten Ausflugsziele des Landes. Hoch über der Stadt, auf einem steilen Felsen, thront die riesige Ruine der ehemaligen Stammburg der Grafen von Vianden (Farbabb. 1). Sie ist die mit Abstand größte erhaltengebliebene mittelalterliche Verteidigungsanlage in Luxemburg und wegen ihrer sehenswerten Architektur weit über die Landesgrenzen hinaus bekannt. In ihrem Schutz hat sich das mittelalterliche Vianden im 12./13. Jahrhundert entwickelt.

Die Hofburg hat um 1090 mit Sicherheit schon existiert, denn aus jenem Jahr datiert die erste urkundliche Erwähnung der Herren von Vianden, die damals ihren Sitz von Hamm an der Prüm vermutlich aus Sicherheitsgründen nach Vianden verlegten.

Neuere Ausgrabungen haben römische, merowingische und karolingische Baureste offenbart.

Die Grafen von Vianden gehörten dank des Erbes der Herren von Hamm an der Prüm, dank der Vogtei der Abtei Prüm und der Vogtei des Trierer Erzstiftes zu den mächtigsten Lehnsherren in Luxemburg. Bis zur zweiten Hälfte des 13. Jahrhunderts konnten sie sich auch mit Erfolg gegen die Luxemburger zur Wehr setzen, die schon seit langem versucht hatten, Vianden – damals eines der letzten reichsunmittelbaren Lehen zwischen Maas und Mosel – als Vasallen von sich abhängig zu machen. Besonders einflußreich war Graf Friedrich I. von Vianden (1124 bis 1152), wahrscheinlich der Schwiegersohn Bertolphs, des ersten urkundlich belegten Viandener Grafen. Friedrich war Stiftsvogt des Trierer Erzstifts, das damals ständig von den Luxemburgern bedrängt wurde. 1264 gelang es den Luxemburgern dann schließlich doch noch, Vianden an sich zu binden.

Die Hofburg Vianden hat diesen und eigentlich auch alle anderen bis zum Beginn des 19. Jahrhunderts über Luxemburg hereingebrochenen Schicksalsschläge fast unbeschadet überdauert. Noch 1820 stand die gigantische Anlage – sie ist 85 m lang und 25 m breit – fast so da, wie sie gegen Ende des Mittelalters ausgesehen hatte. Aber nach Napoleons Niederlage in der Leipziger Völkerschlacht nahm das Verhängnis seinen Lauf: Die Güter von Vianden fielen 1815 wieder an das Königreich der Niederlande zurück. König Wilhelm I. der Niederlande, zugleich Großherzog von Luxemburg, war bestrebt, die von den Franzosen hinterlassenen Staatsschulden abzutragen. Er erließ deshalb 1818 ein Gesetz, welches den Verkauf Viandens und vieler anderer Güter anordnete. 1820 schließlich wurde die Hofburg Vianden

Ruinen der Burg Vianden, 1855. Holzstich nach einer Zeichnung von Martinus Kuytenbrouwer. Luxemburg, Bibliothèque Nationale

in Diekirch zum Preis von 3200 Gulden an den Viandener Kaufmann und Schöffen Wenzeslas Coster versteigert. Dieser hatte nichts Eiligeres zu tun, als alle brauchbaren Materialien, selbst das Dach, abzutragen und gewinnbringend zu verkaufen. Als Wilhelm I. seinen Fehler 1827 durch den Rückkauf der Burg wiedergutmachen wollte, war es bereits zu spät. Die wenige Jahre zuvor noch intakte Anlage war bereits zur Ruine geworden, und ein Gebäudeteil nach dem anderen stürzte in der Folgezeit ein. Sofortige Restaurierungsarbeiten wurden durch die belgische Revolution von 1830 vorerst verhindert, und auch die 1851 von Prinz Heinrich der Niederlande finanzierten Wiederherstellungsarbeiten reichten zur Behebung der Schäden und zur Wiederherstellung der Anlage zur damaligen Zeit nicht mehr aus.

Daß die Burganlage heute noch steht, verdanken wir dem finanziellen Engagement der Fürsten und des Staates. Die Wiederaufbauarbeiten fanden in mehreren Bauphasen und unter verschiedenen Restauratoren statt: 1851 Ernest van Koenig unter Prinz Heinrich der Niederlande; 1864 bis 1882 Charles Arendt unter Prinz Heinrich und König Wilhelm III. der Niederlande; 1905 bis 1914 Bodo Ebhardt unter Großherzog Wilhelm und Großherzogin Marie-Adelheid von Luxemburg; 1963 bis 1965 Joseph Wegener für den luxemburgischen Staat; seit 1970 Alfred Steinmetzer und John Zimmer für den luxemburgischen Staat. Heute steht die Anlage – äußerlich fast vollendet – wieder so da, als wäre kaum irgendwann etwas geschehen.

Mittelalterliche Burgen entstanden häufig dort, wo wichtige Verkehrswege überwacht werden mußten. Bis heute hat Vianden, am Austritt des Our-Tales aus dem Ardennen-Eifel-Massiv in die Talniederungen des Gutlandes eine wichtige Brückenfunktion. Spuren eines römischen Wachturmes wurden im Unterbau der Burgkapelle gefunden. Der *Hockelsturm* stammt aus der Zeit des Dreißigjährigen Krieges. Seit dem 17. Jahrhundert läuten in dem alten Turm die Glocken der im Tal gelegenen Trinitarierkirche.

Genauere Datierungen für die verschiedenen Bauabschnitte konnten durch die jüngeren Ausgrabungen gewonnen werden. In der neu eingerichteten Krypta befinden sich Schaubilder mit den einzelnen Bauphasen. Danach ist der Turm an der Südostecke der Anlage der älteste Bauabschnitt. In seinem

Wappenstein auf Burg Vianden

Innern befindet sich die von außen nicht als solche erkennbare *Untere Burgkapelle*. Vermutlich diente der Kapellenturm ursprünglich als Wohnturm und besaß in dieser Eigenschaft noch ein Obergeschoß, dessen Platz später die heute noch vorhandene und weithin sichtbare *Obere Burgkapelle* (Abb. 4) einnahm. Der kryptaähnliche Innenraum des Turms, die Untere Kapelle also, besitzt einen zehneckigen Grundriß. Die Wände sind durch Pilaster mit schmucklosen Kämpfern verstärkt. Zehneckig waren ursprünglich wohl auch die Außenmauern. Da sie später jedoch durch eine Ummantelung verstärkt worden sind, läßt sich dies nicht mit Bestimmtheit behaupten. Viele Details, vor allem die Pilaster, deuten darauf hin, daß das Bauwerk aus dem 10. Jahrhundert stammt.

In einer zweiten Bauphase (11. Jh.) entstand ein gewaltiger *Wohnturm* mit unregelmäßigem Grundriß, der heute leider nur noch in Resten vorhanden ist. Er lehnt sich südwestlich an den *Kapellenturm* an. Im unteren Stockwerk befindet sich die ehemalige *Herrschaftsküche,* ein in seinen Abmessungen (10,10 × 8,00 m) beachtlicher Raum mit den Resten der Feuerstelle und, im Niveau tiefer gelegen, ein 12 × 15–18 m großer Saal, der an die 13 m hoch gewesen sein muß. Über der Küche befindet sich der einstige Speisesaal mit den Resten eines Kamins aus dem 18. Jahrhundert. Darüber, von der Terrasse aus gut zu erkennen, lag noch ein weiterer Raum, der sogenannte Bankettsaal mit einem spätgotischen Kamin (15. Jh.), der noch recht gut erhalten ist.

Der Wohnturm wurde in den nachfolgenden Jahrhunderten noch durch zwei weitere Wohngebäude ergänzt. Im Laufe der Zeit entstand ein zusammenhängender Wohntrakt, der die gesamte Länge der Burg einnahm. An den *Weißen Turm* (Ende 14. Jh.) schließt der zwischen 1316 und 1324 errichtete *Jülicher Bau* an, von dem heute nur noch die Stützmauer erhalten ist. Damals hielt sich Graf Gerhard von Jülich auf der Burg auf. Er hatte nach dem Tod Philipps II. von Vianden die Vormundschaft über dessen Kinder angenommen. Die Baulücke, die zwischen dem alten Wohnturm und dem Jülicher Haus bestand, wurde durch das 1621 unter Moritz von Nassau-Vianden vollendete *Nassauer Haus* geschlossen, das man in jüngster Zeit sehr sorgfältig wiederaufgebaut hat.

Die Längsachse der im Grundriß sehr unregelmäßigen Anlage trennt den nach Südwesten zur Sonnenseite ausgerichteten Wohntrakt vom ›Repräsentationstrakt‹, der nur zum geringsten Teil beheizbar war und folglich mit der Nordseite vorlieb nehmen mußte, da er im Winter ohnehin kaum benutzt werden konnte. In diesem sowohl architektonisch als auch künstlerisch interessantesten Teil der Burg befindet sich der für Besucher geöffnete Zugang zu den betretbaren Gebäuden der Anlage. Vom Parkplatz führt ein Fußweg durch ein altes Tor in den von einer Ringmauer geschützten Burghof. Links erhebt sich der sorgfältig restaurierte Weiße Turm mit dem anschließenden Wohntrakt. Rechts, in Höhe der Kapelle, steht das Wohngebäude des Schloßverwalters, das früher als Wachstube diente. Der Fußweg umrundet an dieser Stelle den Kapellenturm und führt schließlich zur Eingangshalle des Repräsentationstraktes hinauf.

Wir betreten die *Eingangshalle* durch ein prachtvolles romanisches Portal, das leider schon stark verwittert ist. Man erkennt aber trotz allem noch sehr gut die aus drei Wülsten bestehende Archivolte mit den aufwendig verzierten Kämpfern. Links, im unteren Geschoß des *Kleinen Palas,* öffnet sich der 21 m lange und bis 8,50 m breite *Waffensaal* mit der weiter hinten anschließenden kleinen *Ritterstuff* (Ritterstube). Wir wissen heute, daß der Kleine Palas gegen Ende des 12. Jahrhunderts

Burg Vianden, Plan nach Bodo Ebhardt

1 Kapelle
2 Terrasse
3 Speisesaal
4 Nassauer Bau
5 Jülicher Bau
6 Weißer Turm
7 Kleiner Palas
8 Großer Palas
9 Romanisches Eingangsportal

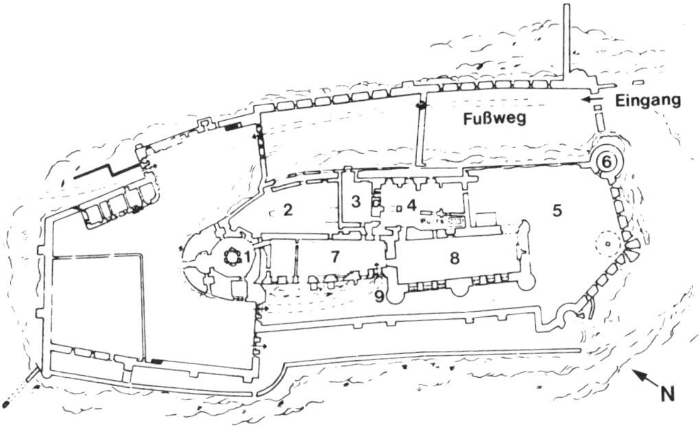

erbaut wurde und daß zwischen ihm und der Krypta des Doms zu Trier stilistische Parallelen bestanden haben. Dies war gewiß kein Zufall, denn die Viandener Grafen waren ja, wie bereits erwähnt, Vögte der Trierer Domkirche. Bis auf ganz wenige Details kann man davon heute allerdings nichts mehr erkennen, denn der romanische Bau wurde später fast vollkommen gotisiert. Anstelle der kleinen romanischen Rundbogenfenster baute man ins untere Geschoß – die Ritterstube ausgenommen – gotische Spitzbogenfenster ein, und die ehemalige Eichenbalkendecke von Waffensaal und Eingangshalle wurde durch ein gotisches Gewölbe ersetzt. Das zweischiffige neue Tragwerk mit seinen zehn Jochen ist in Anpassung an den ›schiefen‹ Grundriß des Kleinen Palas völlig unregelmäßig. Fast sämtliche der 43 Gurtbögen, Rippen- oder Mauerbögen sind unterschiedlich – eine für das 13. Jahrhundert beachtenswerte bautechnische Leistung. Das exakte Alter des gotischen Gewölbes konnte anhand der teilweise mit Wappen verzierten Schlußsteine ermittelt werden. Dabei erwies sich die Vermutung, es handle sich um ein zweigeteiltes, zu verschiedenen Zeiten abschnittsweise konstruiertes Gewölbe, als richtig. Der Waffensaal wurde nämlich schon zwischen 1381 und 1391 eingewölbt, während der zweite Gewölbeteil über der Eingangshalle erst kurz nach 1472 entstanden ist.

Im Obergeschoß des Kleinen Palas befindet sich ein weiterer Prunksaal, der sogenannte *Byzantinische Saal.* Wir betreten ihn durch eine überraschend prachtvolle romanische Tür mit einer sehr aufwendig verzierten Umrahmung in Form eines Eichenblatt-Bandornaments. Ähnliche Motive findet man auch andernorts in der Nähe von Vianden, meistens auf deutschem Gebiet, beispielsweise in St. Maximin (Trier) und im Trierer Dom, wo es bereits 1143 erstmals Verwendung fand. Sicherlich könnte auch hier wieder die enge Bindung der Viandener Grafen an das Trierer Erzstift eine Rolle gespielt haben. Beim Betreten des Saales hält man unwillkürlich den Atem an, denn nur selten bekommt man so herrliche Kleeblattfenster zu sehen wie an der Nordostseite dieses 28 m langen Raumes. Noch vor wenigen Jahren waren bloß Bruchstücke vorhanden, die aber in jüngster Zeit mitsamt ihren frühgotischen Kapitellen in aufwendiger Kleinarbeit restauriert worden sind.

Im ursprünglichen Stil hat man auch die steilen gotischen Dächer über dem gesamten Repräsentationstrakt wiedererrichtet, die der Hofburg Vianden einst über Jahrhunderte hinweg ihre charakteristische Silhouette verliehen. Dies gilt sowohl für den Kleinen Palas als auch für die angrenzende Obere Kapelle und den ebenfalls unmittelbar benachbarten Großen Palas. Hierzu mußten die drei charakteristischen gotischen Treppengiebel wiederaufgebaut werden. Die hohe gotische Bedachung stammte ursprünglich aus dem Jahr 1588. Sie ersetzte damals das flachere romanische Dach, weil die beiden oberen Säle der Palasse zu Kornspeichern umfunktioniert werden mußten. Das Kornaufkommen aus dem Zehnten war nämlich aufgrund verstärkten Getreideanbaus bei anwachsender Bevölkerung derartig stark gestiegen, daß man neue Lagermöglichkeiten benötigte.

Der *Große Palas* ist nur wenige Jahre jünger als sein kleinerer Nachbar. Er wurde vermutlich im zweiten Jahrzehnt des 13. Jahrhunderts vollendet. Dieses in seiner Art ebenfalls prachtvolle Bauwerk fällt interessanterweise ein wenig aus dem Rahmen, denn es erfüllte, obwohl zu Repräsentationszwecken errichtet, auch militärische Aufgaben. Das mag sich im Zusammenhang mit einer Ritterburg paradox anhören: Tatsache aber ist, daß die natürliche Schutzlage Viandens so hervorragend ausgenutzt wurde, daß echte Verteidigungsbauten, auf ein Minimum reduziert, eigentlich nur im Eingangsbereich notwendig waren, wo der *Weiße Turm,* der *Schwarze Turm* und mehrfach gesicherte Umfassungsmauern den Zugang als einzige Schwachstelle schützen mußten. Insofern mögen die vier eingebundenen halb- und dreiviertelrunden Türme des Großen Palas, obwohl in vollem Mauerwerk als Stütztürme errichtet, nur eine gewisse Alibifunktion erfüllt haben, quasi zur Beruhigung der Burgherren. Innen merkt man dem Bau seine Verteidigungsfunktion jedenfalls auf keinen Fall an. Im Gegenteil: Die beiden Prunksäle sind neben denen des benachbarten Kleinen Palas die hervorragendsten Belegstücke ziviler Profanarchitektur, die im Raum zwischen Maas und Mosel aus der Übergangszeit

In der Kapelle von Burg Vianden, 1880. ▷
Holzschnitt von Barbere nach
einer Zeichnung von Willem Hecking jr.
Luxemburg, Bibliothèque Nationale

von der Romanik zur Gotik erhalten blieben.

Der untere *Rittersaal*, von der Eingangshalle des Kleinen Palas aus zugänglich, wurde noch im romanischen Stil ausgeführt. Wir erkennen dies deutlich an den sechs romanischen Doppelfenstern. Die romanische Holzdecke wurde um 1240 allerdings durch ein frühgotisches Gewölbe ersetzt, das man 1983 nach Einsturz (1847) rekonstruiert hat. Ausgezeichnet restauriert wurde auch der gotische Kamin an der Nordwand des Saales. Der Obere Saal wird als *Festsaal* oder *Grafensaal* bezeichnet. Seine sechs Doppelfenster sind bereits frühgotisch mit bemerkenswerten Eichenblattverzierungen an den Kapitellen der zierlichen Säulchen und Pfosten. Aus der Hand desselben Meisters stammt auch die hervorragend gearbeitete Umrahmung der Tür, die von der Westseite des Saales zum Treppenhaus führt. Man darf mit einiger Wahrscheinlichkeit annehmen, daß hier – wie auch in anderen Teilen der Burg – eine Trierer Bildhauerschule aufgrund der engen Beziehungen Viandens zum dortigen Erzbistum tätig war.

Höhepunkt der Burgbesichtigung ist ein Besuch in der einst dem hl. Antonius geweihten *Burgkapelle*, deren oberen Teil wir von der Terrasse vor dem Byzantinischen Saal aus betreten. Das im Übergangsstil von der Romanik zur Gotik errichtete Bauwerk, im Innern ebenfalls zehneckig wie die schon erwähnte Untere Kapelle, erinnert in mancher Beziehung an den Typus der karolingischen Pfalzkapelle, wenngleich ihre Entstehungszeit im letzten Jahrzehnt des 12. Jahrhunderts diesen Gedanken zunächst abwegig erscheinen läßt. Dennoch: Gegen Ende des 12. Jahrhunderts war es besonders bei bischöflichen Kirchen üblich, zweigeschossig zu bauen – vermutlich die Form der Pfalzkapelle weiterentwickelnd. Diese platzsparende und der Verteidigung leicht dienlich zu machende Bauweise war zweifellos auch bestens für die Belange einer Ritterburg geeignet. Die Obere Kapelle steht über eine Öffnung in der Mitte mit der Unteren Kapelle in Verbindung. Im sehr schlichten unteren Kirchenraum versammelte sich das einfache Burgvolk, Soldaten und Bedienstete, während der Burgherr mit seiner Familie dem Gottesdienst in der prachtvollen Kapelle darüber beiwohnte.

Besonderes Interesse verdient das komplizierte Gewölbe. Es besteht nämlich aus insgesamt sechs unregelmäßigen Vierecken und vier annähernd gleichseitigen, miteinander kongruenten Dreiecken. Deckungsgleich sind auch die jeweils einander gegenüberliegenden Vierecke. Diese ungewöhnliche Form des Gewölbes war notwendig, weil die mittlere Verbindungsöffnung zwischen Oberer und Unterer Kapelle – anders als die Außenwand – sechseckig ist. Hier stehen sechs Säulenbündel, von denen aus die halbrunden Gurtbögen sich auf zehn Pilaster verteilen,

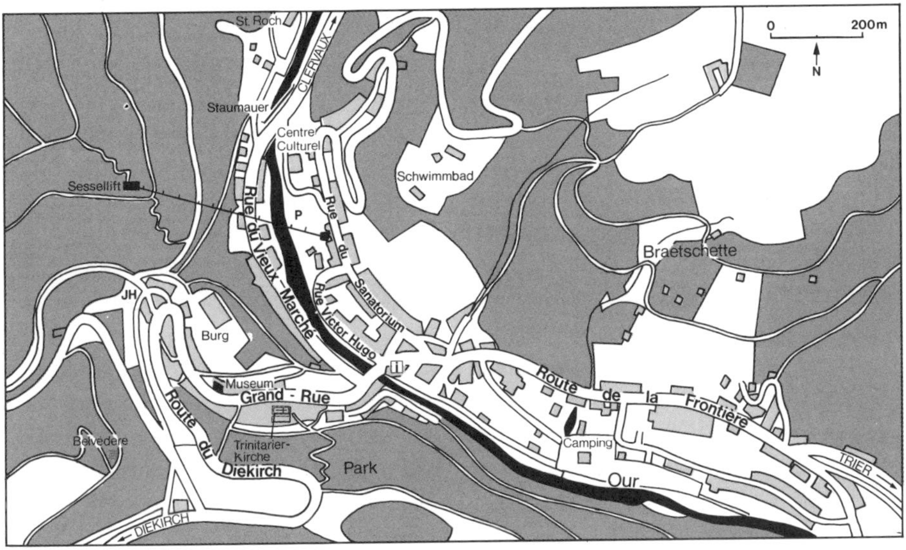

Stadtplan von Vianden

deren Anzahl dem zehneckigen Grundriß des Baukörpers entspricht.

Nach der ausgiebigen Burgbesichtigung lohnt sich zum Abschluß noch ein Rundgang durch das sehr reizvolle altertümliche Städtchen Vianden, wohin sich dereinst kein Geringerer als Victor Hugo während seines Exils des öfteren zurückzog. Ihm zu Ehren wurde auch gleich neben der romantischen alten Ourbrücke ein kleines Museum eingerichtet. Im oberen Teil der platzartig erweiterten Hauptstraße steht die Nachbildung des mittelalterlichen Gerichtskreuzes von 1308. Im mittleren Straßenabschnitt finden wir die über Treppen erreichbare Sodalitätskapelle (1736) und fast daneben die sehenswerte, von außen sehr unscheinbar wirkende ehemalige Trinitarierkirche (Abb. 8).

Vom künstlerischen Aspekt her gesehen ist dieses Bauwerk weit davon entfernt, einen so hochstehenden Rang wie beispielsweise die Burgkapelle einnehmen zu können. Aber dennoch: Sie gilt gleich nach der Burgkapelle und der St.-Willibrords-Basilika zu Echternach als interessanteste Kirche des Landes, denn hier wurde ein kunstgeschichtlich von der sonst üblichen ›Norm‹ abweichendes Kapitel gotischer Architektur geschrieben. Das Besondere sind nicht so sehr die Gewölbe mit ihren skulptierten Schlußsteinen oder das Maßwerk der Fenster, die ganz ohne Zweifel lothringische Einflüsse erkennen lassen. Viel interessanter ist der ungewöhnliche Bauplan: eine Halle mit nur zwei Schiffen! Hallenkirchen erfreuten sich während des 13. und

14. Jahrhunderts in Deutschland großer Beliebtheit, aber sie waren in der Regel dreischiffig angelegt. Wurden ausnahmsweise zweischiffige Hallen gebaut, so waren sie zumeist stets asymmetrisch, bestehend aus einem Hauptschiff und einem sehr viel kleineren Seitenschiff. In Vianden dagegen sind beide Kirchenschiffe symmetrisch angelegt, wobei allerdings der rechte Teil der Halle durch einen Chor verlängert ist. Hier steht heute ein hervorragend gearbeiteter Hauptaltar im Rokoko-Stil, der 1758 von den Viandener Künstlern Daleyden und Goldschmit geschaffen wurde. Auf der linken Seite befindet sich der Sakramentsaltar im Renaissancestil aus der Werkstatt des Trierer Künstlers Ruprecht Hoffmann.

Die Viandener Kirche ist eine Stiftung Philipps I. von Vianden (1252 bis 1273) an den Trinitarierorden. Durch die Heirat mit Marie von Perwez aus dem Hause Brabant war der Graf reich begütert worden. Ihm war allerdings keineswegs daran gelegen, das Gotteshaus ausschließlich für das klösterliche Leben reserviert zu sehen, denn Vianden besaß damals keine eigene Pfarrkirche, und die Bewohner des Ortes nahmen in der unteren Burgkapelle am Gottesdienst teil. Um auch gleichzeitig dieses Problem mit dem Bau der neuen Kirche aus der Welt schaffen zu können, verfiel man auf die Idee einer zweischiffigen, symmetrischen Anlage. Das linke Schiff war der Pfarrgemeinde vorbehalten, während dem Kloster die rechte Seite der Kirche zur Verfügung stand. Der Chor wurde erst 1644 in der Verlängerung des rechten Schiffes erbaut, da die Bürger, die für den Unterhalt des linken Schiffes verantwortlich waren, sich geweigert hatten, zum Bau des Chores beizutragen. Die Klostergebäude wurden an der Südseite des Gotteshauses errichtet. Der elegant wirkende gotische Kreuzgang ist fachgerecht restauriert worden und kann besichtigt werden (Abb. 7). Er ist einer der ältesten gotischen Kreuzgänge im Gebiet zwischen Rhein, Mosel und Maas. Das Grabmal der Gräfin Maria von Spanheim-Vianden ist ein bedeutendes Denkmal der spätgotischen Kunst der Parler-Zeit des 14. Jahrhunderts.

Der Viandener Sessellift führt zu einem herrlichen Aussichtspunkt. Das Pumpspeicherwerk Vianden, das größte Europas, stellt ein eindrucksvolles technisches Bauwerk dar.

Clervaux – Hachiville – Troisvierges – Lieler

Clervaux, deutsch *Clerf* genannt, ist eine beliebte Sommerfrische. Der Ort liegt nicht weit nordwestlich von Vianden, im Herzen des Öslings. Die Kantonshauptstadt besitzt etwa 1000 Einwohner und breitet sich im tief eingeschnittenen Tal der Clerve (Clerf) aus, zu Füßen eines an drei Seiten von dem Fluß umschlungenen Hangsporns, auf

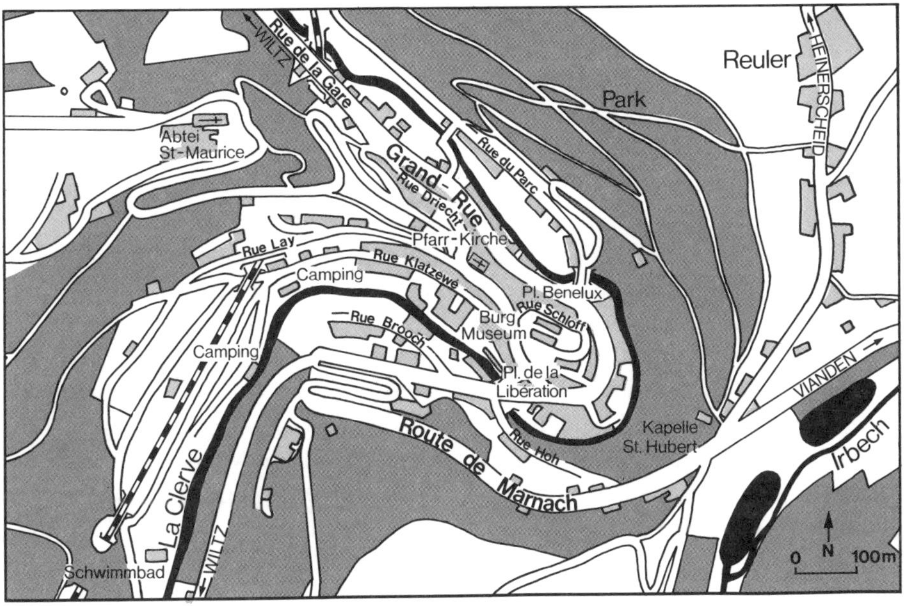

Stadtplan von Clervaux

dem in etwas erhöhter Lage die massige mittelalterliche Burg thront. Etwas weiter oberhalb erheben sich die beiden wuchtigen Türme der 1910 geweihten neuromanischen Pfarrkirche; im Hintergrund erkennen wir den ebenfalls neuromanischen Turm des Benediktinerklosters, der im Stil dem berühmten Vorbild der Abteikirche von Cluny nachempfunden ist (Farbabb. 6, Abb. 11).

Der erste Herr von Clervaux wird im Jahr 1106 urkundlich genannt: Gerhard I. von Sponheim. Er war vermutlich der Erbauer einer frühen, sehr einfachen Burg, deren nördliche Umfassungsmauer in die Außenfassade des großen Wohntraktes von 1635 integriert wurde. Diese erste Anlage besaß keinerlei Wehrtürme oder andere Verteidigungsanlagen außer einem tiefen Graben, der sie gegen das höher gelegene Gelände um die Pfarrkirche abschirmte. Ansonsten boten die steil zur Clerf abfallenden Felsen zur damaligen Zeit genügend Schutz. Zu Beginn des 15. Jahrhunderts wurde die Burg dann in größerem Stil ausgebaut. Die Südfront der Anlage erhielt als Flankenschutz den sehr wehrhaft wirkenden *Burgundischen Turm.* Kurz darauf folgten zur Sicherung der Südwestecke der etwas zierlichere *Brandenburgturm* und als dritter der noch kleinere *Taubenturm* zur Bewachung der Nordwestecke. Rechts an den Brandenburgturm anschließend entstand der neue Wohnflügel im Stil der Gotik. Den

Haupteingang sicherte der *Hexenturm.* 1634–35 schließlich wurde der Renaissancewohntrakt an der Nordseite errichtet. Im 18. Jahrhundert verließen die Herren von Clerf die Enge der Burg und bauten im Park das Neue Schloß, später *Grand Hôtel du Château.*

Bei der Ardennenoffensive der deutschen Wehrmacht gegen die Amerikaner (1944) wurde die hervorragend erhaltene Anlage zerstört. Das meiste konnte zum Glück originalgetreu wiederaufgebaut werden. Ein Museum zum Thema ›Ardennenoffensive‹ erinnert noch heute an die letzten Kriegsmonate. Außerdem beherbergt die restaurierte Burg das luxemburgische *Burgenmuseum,* eine interessante Sammlung von Modellen.

Hachiville (Helzingen), im äußersten Nordwesten Luxemburgs an der belgischen Grenze gelegen, ist ein einsames kleines Bauerndorf. Dennoch besitzt der Ort eine von Kennern vielbeachtete Pfarrkirche. Sie birgt im Innern einen der wertvollsten Schnitzaltäre des ganzen Landes. Das Kunstwerk trägt den Namen seines ursprünglichen Standortes: Retable de l'Ermitage. Die Ermitage de Hachiville (deutsch: Helzinger Klause, Farbabb. vord. Innenklappe) ist eine kleine Einsiedlerkapelle. Von hier wurde der wertvolle Altar vor einigen Jahren gestohlen, konnte jedoch wieder aufgefunden werden. Seitdem steht er – durch ein solides Eisengitter geschützt – in der Pfarrkirche von Hachiville (Abb. 13–15).

Eine Inschrift weist den Altar als Werk aus den vierziger Jahren des 16. Jahrhunderts aus. Fehlendes Archiv- und Vergleichsmaterial lassen jedoch leider keine genaueren Schlüsse zu. Eines aber ist sicher: Das Werk stammt aus dem Brabanter Raum. Die Anordnung und die Größe der Figuren belegen dies ebenso wie die Details ihrer Kleidung (Abb. 14). Trotzdem fällt der Altar aus dem üblichen Rahmen. Die offenherzigen Gesichter der Figuren, die Ungelenkheit ihrer Gesten und die groben Hände weisen den Altar als Schöpfung einer Provinzschule aus. Es war aber vermutlich nicht etwa mangelnde künstlerische Fähigkeit, die das Aussehen der Figuren bestimmte, sondern bereits eine erste Reminiszenz an das neue Lebensgefühl der Renaissance, die auch die abgelegeneren Gebiete Europas allmählich zu erobern begann.

Auch im benachbarten **Troisvierges** erwartet uns ein sehenswertes Gotteshaus, eine ehemalige Franziskanerkirche von 1640, deren barocke Ausstattung außer in Koerich in keinem anderen Sakralbau des Großherzogtums ihresgleichen findet (Abb. 16). Herausragend ist der geradezu monumentale Hauptaltar, den ein gewaltiges Gemälde aus der Rubensschule schmückt. Links unten sind die Wappen der Kirchengründer zu erkennen, der Herren von Lannoy-Clervaux. Auf der anderen Seite stehen die drei in Luxemburg sehr bekannten gotischen Schnitzfiguren (15. Jahrhundert) der ›drei Jungfrauen‹:

Spes, Fides und Caritas. Die 41–42 cm hohen Statuetten, denen der deutsch *Ulfingen* genannte Ort Troisvierges offenbar seinen französischen Namen verdankt, waren früher einmal Ziel einer Wallfahrt. Sie gerieten jedoch in Vergessenheit. Kein Wunder, denn sie waren für längere Zeit unter den weißen, langen Gewändern kitschiger hohler Puppen verborgen, die man irgendwann über sie gestülpt hatte!

Das Dörfchen **Lieler** liegt im Dreiländereck zwischen Belgien, Luxemburg und der Bundesrepublik Deutschland. Hier befindet sich ein beachtenswertes Gotteshaus. Das Kirchenschiff wurde zwar erst 1850 erbaut, aber der Turm und der in seinem unteren Teil gelegene Chor sind alt. Sie stammen noch von der ehemaligen Wehrkirche, die in einer Urkunde von 1621 erwähnt ist. Bei Restaurierungsarbeiten wurden 1954 im Gewölbe und an den Chorwänden schöne Fresken aus dem 15.–17. Jahrhundert freigelegt. In den vier Gewölbefeldern sind die Symbole der vier Evangelisten dargestellt: der Engel im Westen, der Löwe im Norden, der Adler im Osten und der Stier im Süden. Die drei Wände des Chores sind den zwölf Aposteln vorbehalten, deren Figuren auffallend uniform wirken. Mit Ausnahme des heiligen Johannes haben alle Apostel die gleichen langen Haare und die gleichen kurzgeschnittenen Bärte. Diese naive und sehr steif wirkende Art der Darstellung spricht dafür, daß es sich hier um das Werk einer provinziellen Schule handelt. Dasselbe gilt auch für die schon erwähnte Ausmalung des Gewölbes und für das *Jüngste Gericht* im oberen Teil des Bogens, der Chor und Kirchenschiff voneinander trennt.

Diekirch und oberes Sûre-Tal

Das Flüßchen Sûre, deutsch Sauer, ist 173 km lang. Es entspringt in Belgien, zwischen Bastogne und Neufchâteau, und durchfließt zunächst in einem tief eingeschnittenen Durchbruchstal die südöstlichen Ardennen und das Ösling. Bei Ettelbruck in der Nähe von Diekirch tritt die Sauer dann ins Gutland ein und mündet bei Wasserbillig in die Mosel. Mit seinen unendlich vielen engen Windungen ist der links und rechts von steilen Hängen überragte Talabschnitt der oberen Sûre eine der schönsten Landschaften Luxemburgs – im Sommer ein beliebtes Ausflugsziel. Zur malerischen Szenerie gesellen sich außerdem noch einige bedeutende kulturhistorische Sehenswürdigkeiten, so daß eine Fahrt in diesen Teil des Öslings für jeden Besucher Luxemburgs zu einer Art ›Pflichtübung‹ gehört. Als Ausgangspunkt bietet sich Diekirch an, das ziemlich genau auf der Landschaftsgrenze zwischen dem Gutland im Süden und dem sich nördlich der mittleren Sauer erhebenden Ösling liegt.

Die Umgebung von **Diekirch** gehört zu den ältestbesiedelten Gegenden Luxemburgs, denn die Plateaus des mittleren Sauergebietes sind schon seit dem Paläolithikum kontinuierlich von Menschen bewohnt worden. Zahlreiche Werkzeugfunde am Herrenberg, nördlich der Stadt, belegen dies. Das heutige Diekirch geht auf eine römische Siedlung zurück, die hier am Schnittpunkt mehrerer Verkehrswege lag.

Die wertvollsten Ausgrabungsfunde aus der römischen Epoche sind im Städtischen Museum an der Place Guillaume untergebracht, darunter zwei sehr schöne Mosaike aus dem 3. Jahrhundert n. Chr. Sie wurden 1926 und 1950 bei Straßenbauarbeiten 1,40 m unter dem Niveau der heutigen Esplanade entdeckt. Ein drittes Mosaik war durch die Verkehrsbelastung der Straße leider so stark in Mitleidenschaft gezogen, daß es nicht restauriert werden konnte. Alle drei Mosaike gehörten zu einer prachtvoll ausgestatteten gallo-römischen Villa, deren Hypokaustanlage 1950 ebenfalls freigelegt wurde. Besonders gut erhalten ist das sogenannte Löwenmosaik (3,00 × 3,50 m). Farbenprächtige geometrische Figuren umrahmen den König der Tiere, dessen Kopf und Pfoten nur ganz geringfügige Beschädigungen aufweisen. Das zweite Mosaik zeigt ein von den Römern häufig zur Vertreibung böser Geister benutztes Medusenhaupt (Abb. 17). Es besitzt zwei verschiedene Gesichter, je nachdem, von welcher Seite man es betrachtet.

Eines der interessantesten Gotteshäuser Luxemburgs ist die *St.-Laurentius-Kirche* (Farbabb. 36) in Diekirch. Ein erster frühchristlicher Vorgängerbau von 9 × 15 m stand hier bereits im 5. Jahrhundert, also noch während der gallo-römischen Epoche. Den Altar dieses ersten Gotteshauses legte man 1961 bei Ausgrabungsarbeiten in einer Tiefe von 2 m unter dem heutigen Bauniveau frei. Über den Resten der römischen Anlage wurde unter den Merowingern gegen Ende des 5. Jahrhunderts eine neue Kirche mit denselben Abmessungen erbaut. Sie verlieh der späteren Stadt Diekirch ihren Namen (Diet Kirch, d. h. Volkskirche). Ihr folgte im 11. Jahrhundert ein romanischer Bau, der dann ab 1467 gotisiert wurde. Nahezu unverändert erhalten blieb der romanische Turm. Sehenswert im Innern, sind die unter der Regie des Staatsmuseums Luxemburg restaurierten gotischen Fresken über dem linken Seitenaltar und an den Seitenwänden des Chores. Sie stammen aus dem 15. und 16. Jahrhundert. Nicht minder interessant ist die Krypta, die an allen vier Seiten von den Mauern der ersten römischen Kirche eingefaßt ist. Sie besitzt somit auch exakt die Abmessungen jenes frühchristlichen Gotteshauses: 9 × 15 m. An der Ostseite sind noch die Überreste der römischen Hypokaustanlage sichtbar. Hier unten befindet sich eine frühmittelalterliche Begräbnisstätte mit 22 meist im Originalzustand belassenen Särgen, die zum Teil

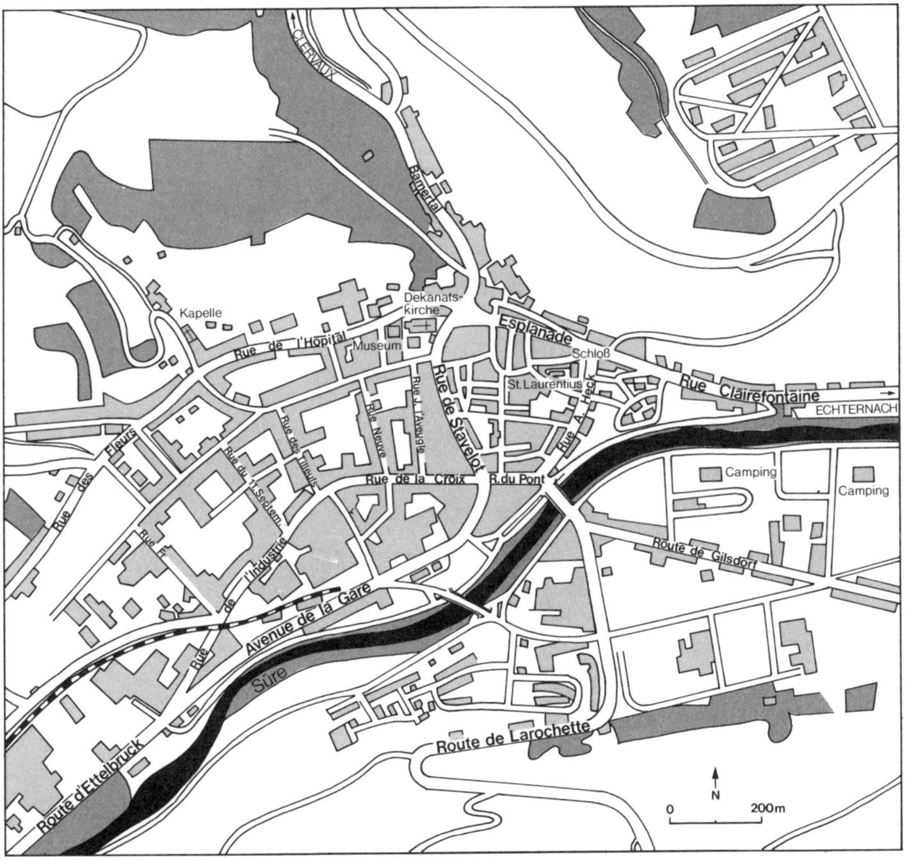

Stadtplan von Diekirch

aus römischen Bauresten angefertigt worden sind. Zumindest zwei der Gräber stammen aus der Merowingerzeit (Ende 6./Anfang 7. Jh.), denn die Särge Nr. 1 und Nr. 20 bestehen nicht aus Stein, sondern aus einer mit geometrischen Ornamenten verzierten Gußmasse. Merowingischen Alters ist wahrscheinlich auch der mit einem Glasdekkel versehene Sarg. Die übrigen Gräber wurden vermutlich erst im 7./8. Jahrhundert angelegt. Zumindest läßt das Fehlen von Grabbeigaben auf diese Zeit schließen.

Als bekannte Sehenswürdigkeit Diekirchs wird immer wieder der sogenannte *Deuwelselter* (Teufelsaltar) genannt. Wir sollten uns jedoch nicht täuschen lassen, denn es handelt sich bei diesen in einem nahen Waldstück aufge-

Ruine Bourscheid, 1859. Holzstich von G. Vanderhecht, veröffentlicht im *Magasin pittoresque,* Paris 1859. Luxemburg, Bibliothèque Nationale

türmten Steinblöcken nicht um prähistorische Dolmen, sondern um eine Nachbildung aus dem Jahr 1892!

Einen Besuch lohnt dagegen das Diekircher Geschichtsmuseum, das den Ereignissen des Zweiten Weltkrieges in Luxemburg sowie der Ardennenschlacht (1944–45) gewidmet ist.

Nur 5 km sauerabwärts von Diekirch liegt der Ort **Bettendorf** (Farbabb. 35), dessen Schloß einen kurzen Abstecher lohnt. Die hübsche Barockanlage von 1728 steht nicht weit von jener Stelle, an der Johann der Blinde nach 1330 eine Wasserburg errichten ließ, deren Gräben von der vorbeifließenden Sauer gespeist wurden. Diese erste Anlage teilte leider das Schicksal der meisten Burgen in Tallage. Sie wurden im ausgehenden 16. Jahrhundert von den Holländern zerstört und 1807 schließlich vollkommen abgetragen. Die alte Burg von Bettendorf hatte ursprünglich die Aufgabe, Diekirch gegen feindliche Übergriffe von der unteren Sûre her zu schützen.

Eine ähnliche Funktion erfüllte auch Burg **Erpeldange,** und zwar an der sûreaufwärts gelegenen Flanke von Diekirch, genau dort, wo der Fluß das Ösling verläßt. Auch hier blieb von der mittelalterlichen Anlage nichts übrig, denn das heutige Schloß (Farbabb. 38) wurde um 1630 völlig neu als komfortabler Adelssitz errichtet. Es hatte keinerlei militärische Funktion mehr. Das sehr gut instandgehaltene Bauwerk beherbergt heute ein pharmazeutisches Labor.

Gleich oberhalb von Erpeldange beginnt der landschaftlich so reizvolle Teil des oberen Sûretals. Als natürliche Verkehrsleitlinie war dieser enge Durchbruch seit dem Mittelalter von großer strategischer Bedeutung. Davon zeugen zwei interessante Burgruinen. Die erste – **Bourscheid** (Farbabb. 3, Abb. 19) – thront weithin sichtbar 145 m hoch über dem windungsreichen Tal in beherrschender Lage. Vermutlich wurde die Anlage bereits zu Beginn des 10. Jahrhunderts gegründet, als das Gebiet des heutigen Großherzogtums von den Magyaren bedroht war. In einer Urkunde der Echternacher Abtei aus dem Jahr 1095 ist schon von Bourscheid als einer der sichersten Burgen die Rede.

Eine für viele spätmittelalterliche Höhenburgen charakteristische Struktur wird uns am Beispiel der Ruine Bourscheid besonders deutlich: die klare Trennung von Wohn- und Verteidigungsfunktionen. Der im 11. Jahrhundert noch allgemein übliche *donjon* oder Wohnturm, der alle Funktionen der Burg in sich vereinigte, entwickelte sich mit zunehmender Perfektion der

Ansicht von Wiltz mit Schloß, 1857. Lithographie von A. Cassagne nach einer Zeichnung von J.-B. Fresez. Luxemburg, Bibliothèque Nationale

Verteidigungssysteme und der Angriffswaffen sowie mit wachsenden Anforderungen der Burgherren an den Wohnkomfort zum bloßen Wehrturm oder Bergfried, der die Hauptlast der Verteidigung zu tragen hatte. Insofern blieb diesen gewaltigen Türmen ihre dominierende Stellung innerhalb einer Burganlage erhalten – sicherlich auch aus der Tradition des einstigen ›Allzweckturms‹ heraus. Sie nahmen einen besonders schwer zugänglichen Teil des Burghügels ein und waren im Ernstfall eine letzte Zufluchtsstätte, die vom Feind kaum zu nehmen war. Der Eingang befand sich, in Bourscheid schön zu sehen, im ersten Obergeschoß an der den Angreifern abgewendeten Seite, nur zu erreichen über eine hochziehbare Leiter. In nächster Nähe stand der Palas mit dem großen Saal und den meist kleineren Wohnräumen. Als Paradebeispiel für diesen Gebäudetyp der mittelalterlichen Höhenburg mag das in den siebziger Jahren originalgetreu rekonstruierte *Haus Stolzembourg* (um 1384) auf Burg Bourscheid gelten, dessen gotische Treppengiebel zum Wahrzeichen dieser Anlage geworden sind.

Zwei weitere Beispiele für die klare Trennung von Wohn- und Wehrfunktion bei spätmittelalterlichen Burgen sind die in der Nähe von Bourscheid gelegenen Ruinen von **Brandenbourg** und **Esch-sur-Sûre** (Farbabb. 4). Die zuletzt genannte Anlage im Tal der oberen Sûre ist eine der ältesten des Landes (gegründet 927) und eines der beliebtesten luxemburgischen Ausflugsziele. Dies nicht ohne Grund, denn keine andere Burg des Landes besitzt eine so reizvolle Lage. Die malerische Ruine, bestehend aus den Resten des einst 15 m hohen Bergfrieds aus dem 10. Jahrhundert und der Anfang des 20. Jahrhunderts von Charles Arendt rekonstruierten romanischen Burgkapelle, thront hoch oben auf einem von der Sauer an drei Seiten umflossenen Bergsporn, an dessen steile Hänge sich die Häuser des kleinen Dörfchens schutzsuchend zu schmiegen scheinen. Der massige Bergfried nimmt, abgesehen von einem vorgeschobenen, jüngeren Beobachtungsturm (15. Jh.), die höchste Stelle des Burgberges ein, vom nicht mehr sichtbaren Wohnbereich bei der Kapelle durch einen Graben getrennt.

Das 4500-Einwohner-Städtchen **Wiltz** ist ein vielbesuchtes Touristenzentrum des Öslings. Es besteht aus zwei Ortsteilen: Oberwiltz (Abb. 20) liegt auf einem von der Wiltz umschlungenen Bergsporn hoch über dem windungsreichen, tief eingeschnittenen Durchbruchtal des Ardennenflüßchens, das 15 km weiter unterhalb in die Sûre mündet. Niederwiltz dagegen breitet sich, wie sein Name schon sagt, unten im Tal an den Ufern der Wiltz aus. Erstmals urkundlich erwähnt ist Wiltz bereits im Jahr 790. Damals war die einstige Reichsdomäne in den Besitz der

31 Luxemburg, Renaissance-Fassade des Großherzoglichen Palastes

◁ 30 Luxemburg, Patrizier-Haus, ›Auf dem Rost‹

32 Luxemburg, Justizpalast

33 Luxemburg, Großherzoglicher Palast

34 Luxemburg, Löwe vor dem Neuen Rathaus

35 Luxemburg, Brunnen auf dem Marktplatz

36 Luxemburg, Portal vom ehemaligen Schloß Mansfeld

37 Luxemburg, Blick auf das Neue Rathaus

38 Luxemburg, Hauptportal der Kathedrale ›Notre Dame‹

39 Westportal der Kathedrale ›Notre Dame‹

40 Säulen der Empore in ›Notre Dame‹

41 Säulen-Detail

42 Grabmal Johanns des Blinden in der Krypta von ›Notre Dame‹

43 Madonna, Ende 15. Jh. (Staatsmuseum)

44 Heilige Barbara, Ende 15. Jh. (Staatsmuseum)

45 Aus dem ›Codex aureus‹ von Echternach: Das Gleichnis vom reichen Mann und dem armen Lazarus, 11. Jh.

46 Echternach, St. Peter und Paul

47 Echternacher Steinrelief (als *Retabel von Rosport* bekannt, Staatsmuseum)

48 Junglinster, Pfarrkirche

49 Burg Bourglinster

50 Blick auf Burg Bourglinster

51 Junglinster, Epitaphe aus dem 16. Jh. in der Pfarrkirche

52 Landschaft im Ösling mit Blick auf die Ruine Bourscheid ▷

54 Mamer, Hypokaustanlage

◁ 53 Mamer, Römisches Steinrelief

55 Bill, Römischer Grabhügel

56 Dalheim, Römische Siedlung *Ricciacus*

57 Steinsel, Überreste eines römischen Tempels

58 Bronzemaske aus römischer Zeit (Staatsmuseum)

59 Gipsabgüsse römischer Plastiken am Grabmonument Grevenmacherberg

61 Im Mullertal ▷

60 Das *Neumagener Weinschiff*. Steinrelief, 3 m lang. Anfang 3. Jh. n. Chr. (Landesmuseum Trier)

Echternacher Abtei übergegangen. Als wenig später die Grafen von Luxemburg in Echternach als Laienäbte auftraten, wiesen sie Wiltz einem ihrer Vasallen zu.

Die Burg der Herren von Wiltz sicherte das gleichnamige Tal, das als natürliche Verkehrsleitlinie ein wichtiges Bindeglied zwischen dem Gutland und dem Ardennenraum in der Umgebung von Bastogne war. Sie stand ursprünglich in Niederwiltz in der Nähe des Flußufers. Der romanische Turm der heutigen Kirche St. Peter und Paul ist vermutlich der einzige Überrest dieser ersten Burganlage. Ihr Standort erwies sich in Gefahrenmomenten als strategisch vollkommen ungeeignet, so daß man sich bereits im 12. Jahrhundert entschloß, eine neue Burg zu errichten, und zwar in günstigerer Position hoch über dem Fluß, von der aus der Verkehrsweg problemlos zu beherrschen war. Rund 500 Jahre später, am 23. Mai 1631, legte Johann V. von Wiltz an gleicher Stelle den Grundstein zum Bau des heutigen Schlosses (Farbabb. 2, Abb. 22, 23), das aber erst nach 1714 vollendet wurde. Der Barockbau mit seiner hübschen Eingangsfassade im Stil der Renaissance ging 1953 in Staatsbesitz über, und die zuständigen Behörden richteten hier ein Altersheim ein. Zum Park führt eine symmetrisch angelegte Freitreppe hinunter. Sie endet in einem modernen Freilichttheater, Schauplatz des alljährlich stattfindenden »Festival International de Wiltz«.

Die Dekanatskirche St. Peter und Paul wurde bis 1510 im Stil der Spätgotik unter Einbeziehung des romanischen Turms der ersten Burganlage von Wiltz errichtet. Ihr Innenraum lohnt eine Besichtigung, denn er ist eines der typischsten Beispiele einer zweischiffigen Halle mit asymmetrischem Grundriß, wie sie uns im Raum von Eifel und Ardennen des öfteren begegnet. Die Asymmetrie gilt nicht nur für die Größenverhältnisse der beiden Kirchenschiffe – das Hauptschiff ist erheblich breiter als das Seitenschiff –, sondern ebenso deutlich für die Konstruktion der gotischen Spitzbogengewölbe.

Rindschleiden ist ein kleines Dorf, 14 km südlich von Esch-sur-Sûre, nahe der Landschaftsgrenze zwischen Ösling und Gutland gelegen (Abb. 24). Der Ort besitzt eine kleine gotische Kirche mit beachtenswerten Fresken des 15. und 16. Jahrhunderts, die als die schönsten ihrer Art in ganz Luxemburg gelten (Abb. 25). Leider wurden bei Renovierungs- und Umbauarbeiten im Lauf der Jahrhunderte immer wieder Teile der Wandmalereien zerstört – insbesondere an den Wänden des Chors –, aber es blieb dennoch mehr als nur Bruchstückhaftes erhalten. Die farbenprächtigen Fresken in den Gewölbefeldern sowohl des Chors als auch des Kirchenschiffs erlitten keine nennenswerten Beschädigungen. Zwar sind die Namen der Künstler nicht bekannt, die sich in Rindschleiden verewigt haben, aber

eines ist sicher: Sie müssen aus verschiedenen Ländern gekommen sein, denn die Fresken weisen Stilmerkmale aus flandrischer, nordfranzösischer und sogar italienischer Provenienz auf.

Die Hauptstadt Luxemburg

Luxemburg ist eine der interessantesten Hauptstädte der Welt. Dieses Attribut verdient sie aufgrund zweier das Stadtbild und die städtische Atmosphäre prägender Gegensätze, die in ihrer Kombination einmalig sind – zumindest in Europa. Der erste Gegensatz, das reizvolle Wechselspiel von Berg und Tal, beruht auf der ungewöhnlichen topographischen Lage Luxemburgs. Die Altstadt erhebt sich malerisch auf einem exponierten Bergsporn aus Luxemburger Jurasandstein, einem Material, das extrem stark zur Bildung bizarrer Felsen neigt. An drei Seiten wird dieser Bergvorsprung von der *Alzette* und ihrem Nebenfluß *Pétrusse* umfaßt, zu deren tief in die Sandsteintafel eingeschnittenen Tälern das Gelände fast senkrecht abfällt: Ein idealer Standort für eine Festung, wie der geschichtliche Werdegang Luxemburgs zeigt. Als weniger ideal erwiesen sich diese extremen Geländeverhältnisse jedoch für die Entwicklung der Stadt selbst, die ständig unter der Raumnot in ihren engen Mauern zu leiden hatte und schon frühzeitig »aus den Nähten platzte«. Seit dem 16. Jahrhundert entstanden im Alzettetal zu Füßen der Felsen die Vorstädte *Grund*, *Clausen* und *Pfaffenthal*, und mit dem Beginn des Eisenbahnzeitalters entwickelte sich die Neustadt um den jenseits der Pétrusse gelegenen Bahnhof. Zur Verbindung von Altstadt und Bahnhofsviertel entstanden mehrere eindrucksvolle Großbrücken, allen voran der *Passerelle* genannte, 44 m hohe Viadukt und der 84 m weit gespannte, kühne Bogen der *Adolph-Brücke*. In den sechziger Jahren gesellte sich schließlich die moderne Stahlkonstruktion der *Großherzogin-Charlotte-Brücke* hinzu, die mit einer Stützweite von 234 m in einer Höhe von 85 m über das Alzettetal führt und die Verbindung zum Kirchberg-Plateau herstellt, wo sich in jüngster Zeit mehrere internationale Organisationen niederließen.

Zur extremen, von den natürlichen Geländeformen vorgezeichneten Verteidigungslage Luxemburgs, die den besonderen Reiz des heutigen Stadtbildes ausmacht (Farbabb. 11) und vermutlich auch der Fremdenverkehrsmagnet der vielbesuchten Stadt ist, gesellt sich als zweite Besonderheit die augenfällige Diskrepanz zwischen der Funktion und Bedeutung Luxemburgs als Standort internationaler europäischer Organisationen schlechthin und seiner im Vergleich

◁ Die *›Passerelle‹* genannte Brücke in Luxemburg. 1880. Holzschnitt von A. Barbere nach einer Zeichnung von Willem Hecking jr. Luxemburg, Bibliothèque Nationale

dazu geradezu kleinstädtisch anmutenden Einwohnerzahl von nur 80000. Gerade dieser Gegensatz zwischen weltstädtischer Offenheit einerseits und anheimelnder Beschaulichkeit andererseits ist es, der der Hauptstadt des kleinen Großherzogtums neben ihrer reizvollen Lage ein zweites unverwechselbares Attribut verleiht.

Die überragende natürliche Verteidigungslage Luxemburgs war für die Stadt seit ihrer Gründung im 10. Jahrhundert bis zur Schleifung der Bastionen im 19. Jahrhundert von immenser Bedeutung. Nicht weniger wichtig als die topographische war allerdings auch die geographische Lage dieser natürlichen Festung in der Berührungszone zwischen germanischem und romanischem Volkstum, zwischen deutscher und französischer Interessensphäre. Beide Faktoren zusammen führten dazu, daß Luxemburg sich schon im Spätmittelalter zu einer der sichersten Festungsstädte Europas entwickelt hatte und diesen zweifelhaften Ruhm bis ins 19. Jahrhundert hinein für sich in Anspruch nehmen konnte. Dieses wiederum hatte Auswirkungen auf fast alle Lebensbereiche der Luxemburger, die sich stets genötigt sahen, ihren Lebenswandel auf den möglichen Kriegsfall einzurichten. Selbst die Kunst in der Stadt Luxemburg blieb von diesen ständigen Krisensituationen nicht unberührt.

Als Gründer Luxemburgs gilt – wie bereits erwähnt – Graf Sigfrid, vermutlich ein Sohn des lothringischen Ardennergrafen und Stadtgrafen von Trier namens Wigerich. Sigfrid erwarb 963 vom Trierer Kloster St. Maximin ein Kastell an der Alzette, welches Lucilinburhuc genannt wurde, was soviel wie ›kleine Burg‹ (Lützelburg) bedeutet. Dieses alte Kastell stand am heutigen Fischmarkt, wo sich schon zur Römerzeit zwei Wege kreuzten: die Verbindungen zwischen Arlon (Orolaunum) und Trier (Augusta Treverorum) sowie zwischen Mersch (Marisca) und Dalheim (Ricciacus). Daß sich die Römer an dieser strategisch günstigen Position tatsächlich niedergelassen hatten, beweist der Fund einer gallo-römischen Villa auf dem Rhamplateau, einem Felsvorsprung über dem gegenüberliegenden Ufer der Alzette, genau oberhalb der Einmündung der Pétrusse.

Kurz nach dem Erwerb der Lucilinburhuc ließ Sigfrid auf dem senkrecht zur Alzette abfallenden Bockfelsen (Farbabb. 10) eine Burg mit quadratischem Wohnturm errichten, die sich in der Folgezeit zum Mittelpunkt der Grafschaft Luxemburg entwickelte. Die Voraussetzungen hierzu schufen die Nachkommen Sigfrids, die sich bis zum Jahr 1136 an den Gütern der ihnen unterstellten Klöster St. Maximin (Trier) und Echternach vergriffen. Außerdem wurden sie Schirmvögte von Stavelot, und auch die Städte Diedenhofen sowie Stenay und Mouzay, Longwy und Salm fielen in ihre Hand. Damit war das erste Luxemburger Grafengeschlecht im Raum zwischen Maas und Mosel vorherrschend. Als sehr vorteilhaft erwiesen sich dabei stets die engen Bindungen an die sächsischen Kaiser

Luxemburg-Grund, 1880. Holzschnitt von A. Barbere nach einer Zeichnung von Willem Hecking jr. ▷
Luxemburg, Bibliothèque Nationale

des Reiches. Seit dem Ende des 11. Jahrhunderts fühlten sich die Luxemburger dann auch mächtig und einflußreich genug, um sich öffentlich Grafen zu nennen. Mit dem Tod des kinderlosen Grafen Konrad II. (1136) war zwar das Ende dieses ersten Luxemburger Grafengeschlechts gekommen, aber seine Nachfolger aus dem Haus Luxemburg-Namur setzten die Expansionspolitik fort. Unter Heinrich IV. (1138–1196), genannt der Blinde, und besonders seiner Tochter Ermesinde (1196–1247) wurde die Luxemburger Lehnsherrschaft weiter ausgebaut. Unter Wenzel I. schließlich gelangte Luxemburg, 1354 zum Herzogtum erhoben, zum Höhepunkt seiner Macht. Durch den Zuerwerb der Herzogtümer von Chiny sowie von Brabant und Limburg erreichte das Land seine größte Flächenausdehnung.

Der Werdegang der Stadt Luxemburg war eng mit den Expansionsphasen der Grafschaft, später des Herzogtums Luxemburg verknüpft. Bereits unter dem ersten Grafengeschlecht gab es eine Erweiterung des Ortes, denn die Burganlage Sigfrids, die sich auf die Sicherung des Bockfelsens beschränkte, war schon sehr bald zu klein geworden. Die von Graf Giselbert um 1050 begonnene zweite Befestigung umschloß im Zuge der heutigen Rue du Fossé (Grabenstraße) das an den Bockfelsen grenzende Areal um den Marché aux Poissons (Fischmarkt), die Kernzone der Oberstadt. Die *Drei Türme* am Pfaffenthaler Berg sind die Überreste der Giselbertschen Befestigungsanlagen. In ihrem Schutz ließen sich Handwerker, Händler und Bauern aus der Umgebung nieder. Die Bedeutung des Ortes wuchs auf diese Weise sehr schnell an, so daß Gräfin Ermesinde ihm 1244 Stadtrechte verlieh. Das Original des Freiheitsbriefes wird im Stadtarchiv aufbewahrt.

Um 1340 mußte Luxemburg, das bereits an die 4000 Einwohner besaß, ein zweites Mal vergrößert werden, weil innerhalb der alten Mauern für ein weiteres Wachstum der Stadt kein Platz mehr vorhanden war. Johann der Blinde, Graf von Luxemburg und König von Böhmen, ließ eine dritte Ringmauer errichten, die den alten Ring mit in den Stadtbezirk einbezog. Ihren Verlauf zeichnet der heutige Boulevard Royal (Königsring) in etwa nach. Vollendet wurde diese spätmittelalterliche Stadterweiterung unter Wenzel II. (um 1400), der das jenseits des tief eingeschnittenen Alzettetals aufragende Rhamplateau in die Befestigungsanlagen einbezog. Damit waren das Stadtgebiet Luxemburgs und seine Entwicklungsmöglichkeiten bis zum Beginn des Eienbahnzeitalters Mitte des 19. Jahrhunderts quasi festgeschrieben, denn weitere räumliche Ausdehnungsmöglichkeiten waren von der topographischen Situation her nicht gegeben, so lange Luxemburg eine in ihren Mauern ›eingesperrte‹ Festungsstadt blieb.

Dank seiner mittelalterlichen Befestigungen, die die natürlichen Geländevorteile bereits optimal ausnutzten, galt Luxemburg bis 1443 als uneinnehmbar. Diesen

Nimbus zerstörte jedoch als erster Philipp der Gute von Burgund, dessen Truppen die Mauern der Stadt in der Nacht vom 22. November 1443 erstiegen. Der allmähliche Niedergang des Hauses Luxemburg kam dem Burgunder dabei allerdings sehr entgegen. Mit der Eroberung der Hauptstadt begann für das gesamte Herzogtum die Zeit der Fremdherrschaften. Bis zum Jahr 1815 wechselten Burgunder, Spanier, Franzosen und Österreicher einander ab, und ein Krieg folgte dem anderen. Am schlimmsten wurde die Stadt Luxemburg im 16. und 17. Jahrhundert von den Kampfhandlungen zwischen den spanischen Habsburgern und den Franzosen betroffen. In dieser Zeit wurde das mittelalterliche Stadtbild so gut wie restlos zerstört, und auch die prächtigen Renaissancebauten, die unter der Amtsperiode des von Kaiser Karl V. eingesetzten Gouverneurs Peter Ernst von Mansfeld entstanden, blieben nur zu kleinen Teilen erhalten.

Als erstes verschwanden die alte Stammburg der Luxemburger auf dem Bockfelsen, die 1083 von Konrad I. gegründete Altmünsterabtei sowie die älteren Adels- und Patrizierhäuser. Sie fielen den Belagerungen und Eroberungen durch die Truppen Franz I. von Frankreich (1542 und 1543/44) sowie den drei Gegenbelagerungen und Rückeroberungen Karls V. zum Opfer. Das übrige taten ein Großfeuer im Jahr 1509 und eine katastrophale Pulverexplosion (1554). Mindestens ebenso groß war das Ausmaß der Zerstörungen, die bei den Beschießungen der Stadt durch die Armeen Ludwigs XIV. verursacht wurden (1682–1684). Am schlimmsten waren die Bombardierungen von 1684, die der Eroberung Luxemburgs durch Marschall Créguy und Sébastien Le Prestre, den berühmten Marquis de Vauban, vorangingen.

Der Wiederaufbau der Stadt wurde teilweise durch Geldspenden des französischen Sonnenkönigs ermöglicht. Großartiges konnte dennoch nicht entstehen, weil angesichts des weiteren Festungsausbaus und des unverändert hohen Kriegsrisikos niemand Willens und bereit war, nennenswerte Investitionen zu tätigen. Um so größer war allerdings der Aufwand, mit dem die Franzosen die Modernisierung der städtischen Bastionen vorantrieben. Die mittelalterlichen Befestigungen waren zuvor schon unter den spanischen Habsburgern durch Bauwerke ersetzt worden, die den zu Beginn der Neuzeit aufgekommenen Feuerwaffen widerstehen konnten. Diese wurden dann 1684–1697 nach Plänen Vaubans in einer Weise perfektioniert und ausgebaut, daß Luxemburg – ohnehin schon als eine der stärksten Festungen berühmt – fast nirgendwo in Europa seinesgleichen fand. Die Verteidigungsanlagen wuchsen über die Täler von Alzette und Pétrusse hinaus und nahmen auch die der Oberstadt gegenüberliegenden Höhen ein.

Als Luxemburg nach dem spanischen Erbfolgekrieg aufgrund der Verträge von Utrecht und Rastatt den österreichischen Habsburgern zufiel, wurden die

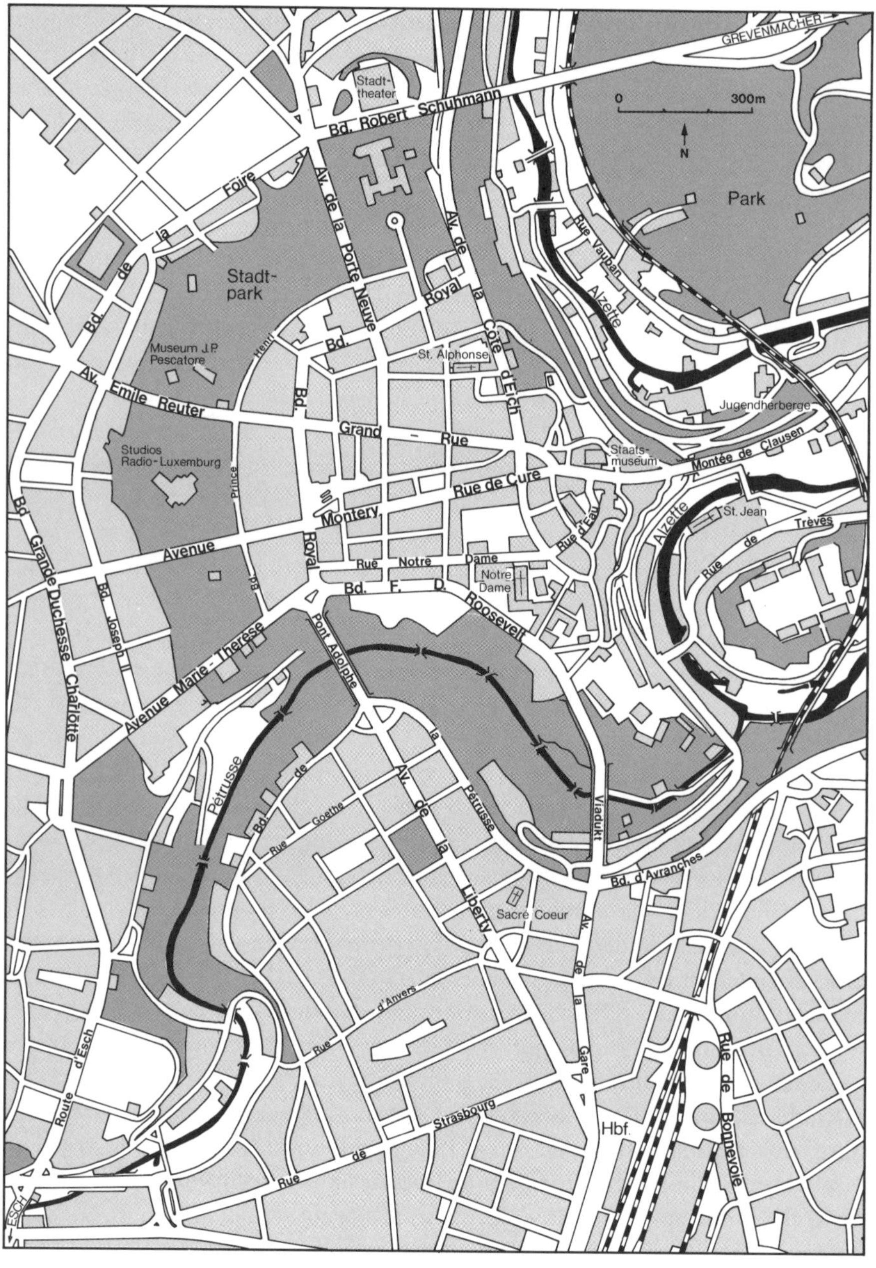

Stadtplan von Luxemburg

Festungsbaumeister Karls VI. und Maria-Theresias in der Stadt tätig. Sie vollendeten das, was Vauban bereits begonnen hatte. Es entstanden zur Abrundung der französischen Hinterlassenschaft noch die äußeren Forts, die Schloßbrücke und vor allem die in den Bockfelsen eingelassenen Kasematten, die heute zu den meistbesuchten Sehenswürdigkeiten der Stadt gehören.

Als Johann Wolfgang von Goethe 1792 als Teilnehmer am Frankreichfeldzug der Alliierten (Koalitionskrieg) nach Luxemburg kam, war er vom Anblick der Festung derartig beeindruckt, daß er fünf Zeichnungen der Stadt anfertigte und sein Erstaunen und Erschrecken über die gigantischen Bastionen auch schriftlich fixierte: »Wer Luxemburg nicht gesehen hat, wird sich keine Vorstellung von diesem an- und übereinandergefügten Kriegsgebäude machen. Die Einbildungskraft verwirrt sich, wenn man die seltsame Mannigfaltigkeit wieder hervorrufen will, mit der sich das Auge des hin- und hergehenden Wanderers kaum befreunden konnte. Plan und Grundriß vor sich zu nehmen, wird nötig sein, nachstehendes nur einigermaßen verständlich zu finden.«

Die Blütezeit Luxemburgs setzte eigentlich erst mit der Schleifung der Befestigungswerke ab 1867 ein. Jetzt erst konnte sich die Stadt ausweiten und die bis dahin aus Platzgründen eingehaltene Begrenzung auf 8000 Einwohner in rasantem Tempo überschreiten. Diese geschichtlichen Hintergründe sollten wir bei einem Rundgang durch Luxemburg und bei der Besichtigung seiner Kunstschätze stets im Auge behalten, um von der Stadt einen zutreffenden Eindruck zu gewinnen.

St.-Michaels-Kirche

Unmittelbar neben dem Fischmarkt, wo sich einst die beiden Römerstraßen Reims–Arlon–Trier und Metz–St. Vith–Lüttich–Aachen kreuzten, steht die Kirche St. Michael (Abb. 29), das zumindest in Teilen zweitälteste erhalten gebliebene Bauwerk der Stadt Luxemburg. An gleicher Stelle errichtete Sigfrid, der erste Luxemburger Graf und Gründer der Stadt, die Kapelle seiner Vorburg. Sie wurde 987 durch den Trierer Erzbischof Egbert geweiht. Eine zweite Weihe fand im Jahr 1345 statt, und zwar im Beisein König Johanns des Blinden. Vermutlich war seinerzeit die alte Kapelle erweitert worden. Bei der Eroberung Luxemburgs durch Philipp den Guten von Burgund (1443) wurde die Kirche beschädigt, und bei der Feuersbrunst von 1509 brannte sie vollkommen aus. Man baute sie 1519 zwar wieder auf, aber 1543 entstanden durch Beschießungen der Stadt wiederum größere Schäden, die jedoch ausgebessert werden konnten. Die nächsten Kriegszerstörungen folgten 140 Jahre später, als die Stadt von den Armeen Ludwigs XIV. beschossen wurde. Der Chor stürzte vollständig ein, und auch das Kirchenschiff wurde stark in Mitleidenschaft gezogen. 1688 erhielt das

Votivbild von *Notre Dame de Luxembourg*, um 1650

Bauwerk schließlich seine heutige Gestalt. Die Außenmauern stammen vermutlich noch zum großen Teil von der Kapelle Sigfrids, zumindest aber aus dem 11. Jahrhundert. Links vom Eingang sind noch die Überreste eines romanischen Portals und romanischer Fensterrundungen zu erkennen, die später zugemauert wurden. Das Renaissanceportal von 1689 trägt das französische Lilienwappen, denn es wurde mit Hilfe von Geldern geschaffen, die

Ludwig XIV. zum Wiederaufbau der durch seine Truppen restlos zerstörten Stadt gespendet hatte. Der spätgotische Innenraum mit seinem Netzgewölbe, 1962/63 zur Tausendjahrfeier Luxemburgs restauriert, wurde 1519 in die romanischen Außenmauern ›hineingemauert‹. Gleich rechts befindet sich die um 1630 erbaute St.-Michaels-Kapelle mit einem hübschen Barockaltar. Die Empore stammt von 1688, als das Gotteshaus instandgesetzt wurde. Beachtenswert sind außerdem das von einem Rubensschüler stammende Altarbild (Himmelfahrt Mariens) sowie die prunkvolle Barockorgel (17. Jahrhundert), die ursprünglich in der Franziskanerkirche gestanden hat.

Kathedrale Notre Dame

Die ehemalige Jesuitenkirche (Farbabb. 9), deren Silhouette mit den beiden schlanken Turmhelmen und dem zierlichen Türmchen über der Dachpyramide der Vierung weithin sichtbar das Panorama der Stadt beherrscht, ist neben dem Großherzoglichen Palast eines der bemerkenswertesten Bauwerke nicht nur der Stadt Luxemburg, sondern des ganzen Landes. Dies gilt in zweifacher Hinsicht: Zum einen handelt es sich um eines der selten gewordenen Beispiele jenes Übergangsstils zwischen Spätgotik, Renaissance und teilweise auch frühem Barock, wie er im 16. und sogar noch im 17. Jahrhundert in den westlichen Teilen des europäischen Festlandes durchaus üblich war. Zum anderen wurde das altehrwürdige Gotteshaus des 17. Jahrhunderts durch einen modernen Erweiterungsbau ergänzt, mit dem zusammen es eine außerordentlich harmonische Einheit bildet.

Man mag zunächst erstaunt darüber sein, eine vom Baukörper und von der Raumgestaltung her gotische Kirche aus dem 17. Jahrhundert vor sich zu haben, einer Zeit, in der anderswo bereits das Barock seinen Siegeszug angetreten hatte. In den Niederlanden – Luxemburg gehörte damals noch zu diesem von Spanien beherrschten Gebiet – war dies jedoch keineswegs ungewöhnlich, denn gerade auf dem Gebiet der Sakralarchitektur besaß die traditionsreiche Gotik hier ein ungewöhnlich stark ausgeprägtes Beharrungsvermögen. Allerdings gingen die aus Italien nach Norden vordringenden Einflüsse der Renaissance auch an dieser traditionsverhafteten und deshalb gern als posthume Gotik oder Nachgotik bezeichneten Architektur keineswegs spurlos vorüber. Im Gegenteil: Sie eroberten sich sehr bald als dekorative Elemente einen festen Platz in den Innenräumen der spätgotischen Gotteshäuser und trugen so zu jener architektonischen Originalität bei, wie wir sie in den Niederlanden und ihren Nachbargebieten antreffen.

Der ältere Bauteil der Luxemburger Kathedrale spiegelt das soeben Gesagte auf sehr eindrucksvolle Weise wider. Er wurde von 1613 bis 1621 nach den

Plänen des berühmten Jesuitenbruders Jean du Blocq errichtet. Der im belgischen Mons geborene Baumeister war gelernter Zimmermann und trat dem Orden 1606 bei. Schon sehr bald avancierte er zum leitenden Architekten der Jesuiten im wallonischen Teil Belgiens, wo er mehrere Kirchen schuf, so z. B. in seiner Heimatstadt Mons, in Arras, St-Omer und Maubeuge. Alle diese Bauten entstanden vor 1620 und ähneln im Stil der Kathedrale von Luxemburg. Vermutlich hatte dem jungen Jean du Blocq die Kollegiatskirche (Ste-Waudru (St. Waltrudis) in Mons als Vorbild gedient, deren gewaltiger spätgotischer Innenraum mit seinen 60 Pfeilern ihn offenbar ebenso beeindruckt hatte, wie der herrliche Lettner von Jacques Dubrœucq – eines der bedeutendsten und am stärksten von italienischen Strömungen beeinflußten Werke der Renaissance in Belgien. Bruder du Brocq kam während der Bauzeit regelmäßig zur Beratung und Beobachtung nach Luxemburg, aber die Bauleitung oblag Otto Herloy.

Als Baumeister wurde der aus Luzern nach Luxemburg zugezogene Ulrich Job beauftragt, der das gesamte Mauerwerk errichtete und den Säulenschmuck im hallenförmigen Innenraum der Kirche schuf.

Den größten Anteil an der künstlerischen Ausgestaltung hatte jedoch der aus Freiberg in Sachsen stammende Daniel Müller. Eine erste Kostprobe seines Könnens begegnet uns schon beim Betreten der Kirche, denn das kunstvoll gestaltete Hauptportal (1613–1614) trägt die Handschrift dieses Meisters (Abb. 38). Geradezu verschwenderisch ist die Fülle der Renaissanceverzierungen – flämisches Beschlagwerkornament –, und die fast schon übertriebene Verwendung von Figurenschmuck mit ausdrucksvollen menschlichen Gesichtern ist ein erster Vorbote des Frühbarock. Eine ähnliche Portalgestaltung finden wir bei den Jesuitenkirchen in Koblenz, Münster und Köln. In den beiden Nischen zwischen den korinthischen Säulenpaaren, die den Eingang flankieren, stehen die Statuen des hl. Ignatius (rechts), Gründer des Jesuitenordens, und des hl. Franz Xaver (links), jenem Missionar, der zusammen mit Loyola die Pläne zur Stiftung des Ordens entwarf. Über den beiden Figuren sind zwei bärtige Prophetenköpfe aus dem Mauerwerk herausgemeißelt. In das dreieckige Giebelfeld greift eine Nische ein, ausgefüllt mit dem lebensgroßen Standbild der Muttergottes, die das Jesuskind auf dem Arm trägt. Ihr zur Seite stehen links und rechts, außerhalb der Nische, die beiden Apostel Petrus und Paulus. Über der Madonnennische erhebt sich als krönender Abschluß die steinerne Figur des hl. Nikolaus. Das Tympanon ist aus Holz gearbeitet. Es enthält das Wappen der Gesellschaft Jesu. Leider hatte die Verwitterung zu Beginn des 20. Jahrhunderts bereits so starke Schäden am Figurenschmuck des Portals hinterlassen, daß die Standbilder nachgearbeitet werden mußten. Die Nikolausstatue wurde von 1923 bis 1927 durch den Bildhauer Albert Kratzenberg gänzlich erneuert, während von den beiden Apostelfürsten originalgetreue Kopien gefertigt werden konnten. Nachbildungen sind auch die 1937 erneuerten Figuren des hl. Ignatius und des hl. Franz Xaver.

Sehr eindrucksvoll ist das alte Langhaus, das wir durch das Renaissanceportal betreten. Obwohl in den Abmessungen bewußt klein gehalten – die Jesuiten waren leidenschaftliche Kanzelredner –, wirkt der Innenraum in Anlehnung an die niederländische Spätgotik überraschend groß. Diese Geräumigkeit erzielte man durch sehr hohe Seitenschiffe, große Säulenzwischenräume und hohe Säulen in zylindrischer Form. Ursprünglich besaß die dreischiffige Basilika kein Querschiff. Dieses gehört zum modernen Erweiterungsbau, dem die alte Apsis und die meisten der zahlreichen Oratorien weichen mußten. Es blieben nur die beiden über den Seitenkapellen erhalten.

Geradezu überrascht wird der Besucher beim Betreten der Kirche durch die fremdartig wirkenden italienisierenden Renaissanceverzierungen, an deren Zusammenwirken mit der spätgotischen Bauwerkskonstruktion man sich erst einen Moment lang gewöhnen muß. Besonders augenfällig wird dies an den je fünf zylindrischen Säulen, die auf achteckigen Sockeln stehen und dorisch anmutende Kapitelle besitzen. Sie sind durch ein eigenartiges Band- und Beschlagwerk geschmückt, wie es zuerst der berühmte Baumeister Cornelis Floris de Vriendt verwendete. Von ihm stammen z.B. das Antwerpener Rathaus und der großartige Renaissancelettner in der Kathedrale von Tournai: Werke, die den Jesuitenarchitekten Jean du Blocq offenbar inspiriert haben. Er war vermutlich auch der geistige Vater der phantasievoll gestalteten Orgelempore über dem Haupteingang, mit deren Ausführung Daniel Müller betraut war (1619–1621). Sie ruht auf zwei zierlichen korinthischen Säulen, die mit Schimären und Masken verziert sind (Abb. 40). Die Bogenzwickel und Archivolten schmücken musizierende Engelsgestalten und Cherubimköpfe. Sie bestehen aus Alabaster, dem mit Vorliebe verwendeten Werkstoff niederländischer Renaissancebildhauer.

Nach der Gründung des Bistums Luxemburg (1871) wurde die ehemalige Jesuitenkirche zur Domkirche erhoben. Es stellte sich jedoch schon sehr bald heraus, daß das Gotteshaus für diesen Zweck viel zu klein war. Zunächst dachte man an einen Neubau, aber bereits vor 1914 plante man lediglich eine Vergrößerung. Am 12. Mai 1934 wurde dann schließlich mit den Arbeiten begonnen, und 1938 war der Erweiterungsbau fertiggestellt. Er besteht aus der großzügigen Vierung, dem neuen Chor, zwei Seitenschiffen mit Emporen sowie der Krypta mit der anschließenden Fürstengruft.

Großherzoglicher Palast (ehem. Rathaus) mit Krautmarkt. 1834. Lithographie von Nicolas Liez. ▷
Luxemburg, Bibliothèque Nationale

Oberstes Ziel bei der Gestaltung des Neubaus war es, ihn mit dem vorhandenen Jesuitenbau zu einem architektonisch harmonischen Ganzen zusammenzufügen, was auch tatsächlich sehr gut gelang. Von der alten Kirche wurde lediglich der Chorabschluß abgerissen, und ein neuer Triumphbogen, der dem alten am Eingang der Chorjoche ziemlich genau nachempfunden ist, verbindet die beiden Kirchenteile miteinander. Der ehemalige Chorraum fungiert nun als Durchgang zum neuen Raumteil, dessen Hochaltar und das Gnadenbild der Trösterin der Betrübten (ein Werk Daniel Müllers) genau im Blickfeld liegen, wenn man die Kirche durch das alte Renaissanceportal betritt. Es fallen auch sogleich die farbenprächtigen neuen Chorfenster mit Szenen aus dem Leben der Muttergottes auf. Sie stammen von Jean Barillet, der sie in Zusammenarbeit mit T. Hanssen und J. le Chevalier entwarf und anfertigte. Ganz anderer Art sind die bemerkenswerten Fenster in der Fürstenloge, Werke des Münchner Professors Joseph Oberberger. Er bediente sich der als ›Balduineum‹ bekannt gewordenen Chronik, die Balduin von Luxemburg, Erzbischof zu Trier, zusammengetragen hatte, und stellt die bekanntesten Persönlichkeiten aus der Geschichte des Landes dar, angefangen von Sigfrid, dem ersten Luxemburger Grafen, bis zu Herzog Sigismund, Kaiser des Heiligen Römischen Reichs Deutscher Nation. Ebenfalls ein Thema zur Landesgeschichte bearbeiteten A. Wendling (Aachen) und H. Baumbauer (Freiburg i. Br.). Sie schufen das Südfenster der Fürstentribüne und der neuen Orgelbühne mit den Wappen der Herrschaften des mittelalterlichen Herzogtums Luxemburg. Religiöse Motive zieren alle übrigen Glasfenster des Neubaus, Werke von Jean Barillet sowie von den Luxemburger Künstlern E. Probst und den Gebrüdern Linster. Besonders erwähnenswert sind außerdem die Bronzetüren des am Boulevard F. D. Roosevelt gelegenen Nebenportals, die als die künstlerisch wertvollsten Ausstattungsdetails des Kirchenbaus gelten. Sie stammen von Auguste Trémont, der im übrigen auch den Statuen- und Skulpturenschmuck des Portals schuf (Abb. 39).

Die Krypta liegt unter dem Erweiterungsbau. Zwölf Monolithsäulen tragen, die zwölf Apostel symbolisierend, die Decke. Hinter einem schmiedeeisernen Tor, bewacht von zwei Bronzelöwen des Bildhauers Auguste Trémont, befindet sich die Fürstengruft der Großherzoglichen Familie mit den Sarkophagen der Großherzogin Marie-Adelheid († 1924), Großherzogin-Mutter Maria-Anne († 1942) sowie der Prinzen Felix von Bourbon-Parma († 1970), Gatte der Großherzogin Charlotte, und Charles von Luxemburg († 1977). Am sehenswertesten ist jedoch das Grabdenkmal Johanns des Blinden, Herzog von Luxemburg und König von Böhmen (Abb. 42). Es stellt die Grablegung

1 Burg Vianden

2 Schloß Wiltz

3 Ruine Bourscheid

4 Esch-sur-Sûre

5 Das Ösling bei Hachiville

6 Burg und Pfarrkirche von Clervaux

7 Luxemburg-Stadt, Häuser auf der alten Festungsmauer

8 Denkmal Wilhelms II.

9 Die Kathedrale ›Notre Dame‹ von Luxemburg

10 Vorstadt Grund mit Bockfelsen

11 Blick auf Luxemburg-Stadt

12 Trierer Tor

13 Großherzoglicher Palast

14 Straße in Luxemburg-Stadt

15 Vorstadt Grund

17 Bronze-Wildschwein aus gallo-römischer Zeit

16 Diatretglas aus gallo-römischer Zeit
Aus Luxemburger Museen
19 Pisano, Die Jungfrau mit dem Kind. 15. Jh.

18 Merowingische Fibel in Gold mit Steinen
20 Giovanni Ambrogio Bevilacqua, Der hl. Hieronymus und der hl. Franz von Assisi. 15.–16. Jh.

21 Hagelsdorf im Gutland, typische Allee

22 Burg Ansembourg

23 Burg Hollenfels

24 Schloß Ansembourg

25 Burg Mersch

26 Koerich, St. Remigius, Innenansicht

27 Burg Bourglinster

28 Im Mariental

29 ›Schießentümpel‹, Wasserfall im Mullertal

30 Blick auf Echternach

31 Echternach, Rathaus

32 Echternach, Abteigarten

33 Echternach, Basilika des hl. Willibrord

34 Inneres der Basilika

35 Schloß Bettendorf

36 Diekirch, St.-Laurentius-Kirche

37 Schloß Meysembourg

38 Schloß Erpeldange

39 An der Mosel bei Remich

40 Wormeldange an der Mosel

Christi mit sieben Beweinenden dar. Die Figurengruppe wurde bereits 1613, 33 Jahre vor dem Tod Johanns, für einen anderen Zweck angefertigt und später umgearbeitet, nachdem das ursprüngliche Alabastergrabmal des Königs 1684 bei der Beschießung der Stadt durch die Truppen Ludwigs XIV. zerstört worden war.

Großherzoglicher Palast

Peter Ernst von Mansfeld, der 1545 von Kaiser Karl V. zum Gouverneur des zu den spanischen Niederlanden gehörenden Herzogtums Luxemburg bestellt wurde, galt als großer Förderer der neuen Zeitströmung der Renaissance. Unter seiner Statthalterschaft entstanden auch die ersten bedeutenden Renaissancebauten der Stadt. Die rege Bautätigkeit war natürlich kein Zufall, sondern Ausdruck einer fast 140 Jahre lang währenden Friedensperiode, die erst gegen Ende des 17. Jahrhunderts durch die Kriege Ludwigs XIV. ihr Ende fand. Den Anfang machte Graf von Mansfeld selbst. 1563 wurde mit dem Bau seiner Residenz in der Unterstadt Clausen begonnen.

Leider wurde das Schloß im 17. Jahrhundert dem allmählichen Verfall überlassen, so daß heute nur noch zwei bescheidene Portale des einstigen Prachtbaus übriggeblieben sind (Abb. 36). Besser erging es zwar seinem auf dem Pfaffenthalerberg errichteten Amtsgebäude, das einst sogar Ludwig XIV. bei seinem Besuch Luxemburgs als Quartier diente, aber vom künstlerischen Aspekt her ist es nur zweitklassig. Heute dient das Bauwerk als Justizpalast (Abb. 32).

Zur gleichen Zeit (1572) entstand auch das neue Rathaus der Stadt, nachdem das alte bei der Pulverexplosion von 1554 zerstört worden war. Es bildet heute den ältesten Teil des Großherzoglichen Palasts, leicht erkennbar an den beiden Türmen, die seine Fassade flankieren. Diese Fassade ist es auch, die unsere besondere Aufmerksamkeit verdient, denn es handelt sich um das bedeutendste architektonische Kunstwerk der Renaissance auf luxemburgischem Boden. Selbst über die Grenzen des Landes hinaus sind die für Mittel- und Westeuropa sehr ungewöhnlichen arabeskenähnlichen Verzierungen bekannt geworden, die die gesamte Wandfläche überziehen (Farbabb. 13, Abb. 31). Ohne jeden Zweifel eine Reminiszenz an die damalige spanische Besatzungsmacht, denn eine andere Erklärung für diese nördlich der Pyrenäen nur sehr selten vorkommende Spielart des Wandschmucks ist kaum möglich. Ähnliche Renaissanceornamente wurden auch in anderen Orten Luxemburgs verwendet; allerdings gehören sie nicht mehr zum Staatsgebiet des heutigen Großherzogtums. Am bekanntesten ist die südländisch anmutende *Maison du Chevalier Michel* in Marville, das bis 1659 luxemburgisch war.

Bock-Kasematten, 1825. Lithographie von Jean-Baptiste Madou. Luxemburg, Bibliothèque Nationale

Bockfelsen

Der Bockfelsen (Farbabb. 10) ist eine der wichtigsten Sehenswürdigkeiten der Stadt Luxemburg, die an dieser Stelle von Graf Sigfrid 963 gegründet wurde. Hier befinden sich nicht nur die unter dem Namen »Jahrtausenddenkmal« bekannt gewordenen Überreste der alten Lützelburg, sondern ebenso die berühmten **Bock-Kasematten,** deren unterirdisches Gangsystem das In-

nere der natürlichen Sandsteinbastion durchzieht. Seinen einstigen Ruf als »Gibraltar des Nordens« verdankt das 120 ha kleine Luxemburg, dessen Wehranlagen im 18./19. Jahrhundert eine Fläche von 180 ha bedeckten, unter anderem auch diesem wirkungsvollsten Abschnitt seines dreifachen Befestigungsrings, dessen bautechnischer Standard im 18. Jahrhundert weltweite Beachtung fand.

Die zu Verteidigungszwecken ungewöhnlich günstigen Voraussetzungen der senkrecht zum Alzettetal abfallenden Sandsteinfelsen des Bockplateaus hatten seit Graf Sigfrids Zeiten über die Jahrhunderte hinweg unverändert Bestand. Anders als bei vielen mittelalterlichen Höhenburgen, deren strategisch günstige Lage zu Beginn der Neuzeit von der waffentechnischen Entwicklung ›überholt‹ wurde, behielt der Bockfelsen seinen hohen militärischen Stellenwert. Zwar wurde der alte Luxemburger Grafensitz um 1555 abgetragen, da die mittelalterlichen Gebäude den gestiegenen Wohnansprüchen der spanischen Gouverneure nicht mehr gerecht werden konnten, aber es entstanden an gleicher Stelle neue Befestigungwerke, die die Lücke im Verteidigungssystem der Stadt ausfüllten. Die Ruinen der alten Burg wurden in diese Befestigungsbauten integriert. Vauban schließlich erweiterte und verstärkte die von den Spaniern hinterlassenen Anlagen im Zuge seiner 1685 begonnenen Modernisierung sämtlicher Stadtbefestigungen.

Seine denkwürdige Berühmtheit erlangte der Bockfelsen jedoch erst unter dem Regime der österreichischen Habsburger, denen die ehemaligen spanischen Niederlande 1714 zugesprochen wurden. Karl VI. und vor allem Maria-Theresia waren sehr darauf bedacht, die Festung Luxemburg, ohnehin schon ein schier unüberwindliches Bollwerk, optimal gegen mögliche Übergriffe der Franzosen zu schützen. Sie beauftragten die Festungsbaumeister General de Beauffe und Ingenieur-Major Nicolas de Jamez mit der weiteren Verstärkung der Vaubanschen Bastionen. Neben mehreren außerhalb der Ringmauer gelegenen Forts entstanden die um die Mitte des 18. Jahrhunderts nach verhältnismäßig kurzer Bauzeit fertiggestellten modernen Erweiterungen des unterirdischen Kasemattensystems, dessen wichtigster Teil sich im Innern des Bockfelsens befindet.

Ihre herausragende Stellung verdankten die Bock-Kasematten, ähnlich wie zuvor schon die Lützelburg, der unter strategischen Gesichtspunkten einzigartigen natürlichen Beschaffenheit des Sandsteinfelsens, obwohl ihr flächenmäßiger Anteil am gesamten, etwa 40 000 m² großen und 23 km langen Kasemattensystem der Stadt mit nur rund 1500 m² sehr klein war. Nicht umsonst bezog hier der österreichische Gouverneur, Feldmarschall von Bender, sein Hauptquartier, als die Stadt 1794–1795 von den Franzosen belagert und schließlich ausgehungert wurde.

Der Eingang zu den Bock-Kasematten befindet sich im unteren Teil der von General de Beauffe im Zuge des Kasemattenbaus errichteten Schloßbrücke, die den Bockfelsen mit der Oberstadt verbindet. Ein kurzer Rundgang durch das unterirdische Labyrinth ist sehr zu empfehlen, denn die technische Leistung, die hier von einer Spezialeinheit aus Tirol vollbracht wurde, kann man erst richtig ermessen, wenn man das Gewirr der aus dem Fels gehauenen Gänge und Räume vor sich sieht. Ähnliches gilt im übrigen auch für die ausgedehnten *Pétrusse-Kasematten*, deren Zugang an der Place de la Constitution liegt. Hier sprengten die Österreicher insgesamt 54 Geschützstände in den Fels über dem Flüßchen Pétrusse, zu dem man über Treppen hinuntersteigen kann.

An der Oberfläche des Bockfelsens, über den Gängen der Kasematten, befindet sich das *Jahrtausenddenkmal*, die 1963 bei Ausgrabungsarbeiten zum tausendjährigen Jubiläum der Stadt freigelegten Reste der alten Lützelburg. Gleich hinter der Schloßbrücke, oberhalb des Kasematteneingangs, erkennen wir die Grundmauern des ehemaligen Wohnturms, der von Graf Sigfrid in der zweiten Hälfte des 10. Jahrhunderts errichtet wurde. Von den beiden Kellergeschossen ist das untere noch sehr gut erhalten. Es wurde von den Österreichern in die Bock-Kasematten integriert. Beim Rundgang durch die Kasematten erkennt man den alten Burgkeller sofort an den romanischen Tonnengewölben seiner beiden Räume. Anhand der Grundmauern des an der heutigen Erdoberfläche gelegenen zweiten Kellergeschosses konnten die genauen

Abmessungen des Turms und damit auch die zur Verfügung stehende Wohn- und Nutzfläche festgestellt werden. Die Grundfläche eines Stockwerks betrug danach 156,25 m^2. Das macht bei vermutlich fünf Geschossen rund 781 m^2, ein für das 10. Jahrhundert beachtliches Raumangebot.

Als nächstes kommen wir zur gepflasterten Torpassage der ehemaligen Burg. Hier befinden sich auch die Überreste eines mächtigen Halbrundturms, der die Einfahrt schützte. Deutlich erkennbar sind die abgeschrägten Fundamente, die das Anlegen von Sturmleitern erschwerten und Geschossen aufgrund des kleineren Aufprallwinkels größeren Widerstand entgegensetzten. Weiter unterhalb erreichen wir das sogenannte Orillon, eine von Vauban 1684–1685 im Zuge des modernen Festungsausbaus errichtete Flankierungsanlage. Von hier aus ist es nicht mehr weit zum »Hohler Zahn« genannten Torturm, der den talwärtigen Abschluß des ehemaligen Burgbezirks bildet.

Staatsmuseum (Musée de l'État)

Die Sammlung des am Fischmarkt gelegenen Staatsmuseums vermittelt einen umfassenden Überblick über Geschichte, Archäologie, Volkskunde und Kunst sowie Mineralogie, Paläontologie und Zoologie des Großherzogtums Luxemburg. Besonders reichhaltig ist die archäologische Abteilung ausgestattet. Die ausgestellten Fundstücke reichen von der Vor- und Frühgeschichte über die gallo-römische Epoche bis zur fränkischen Landnahme und in die Zeit der Merowinger (Farbabb. 16–18). Als besonders ergiebige Fundstätte erwies sich vor allem der Titelberg, denn dieses strategisch äußerst günstige Hochplateau über dem Korntal in der Nähe von Differdange wurde zuerst von den Kelten, später auch von den Römern befestigt und besiedelt. Eine schier unüberschaubare Menge von spätkeltischen und römischen Funden wurde hier zutage gefördert. Meistens handelt es sich um ausgesprochene Kunstwerke, deren Anfertigung hohes handwerkliches Können voraussetzte.

Das beachtenswerteste Exponat des Museums finden wir in der umfangreichen Sammlung mittelalterlicher Skulpturen: das bereits erwähnte *Retabel von Rosport* (vgl. S. 43 und Abb. 47). Alte Möbel, Ofenplatten, Zinngeschirr,

Die Bekehrung des hl. Hubert. Kaminplatte von 1570

wertvolle Hinterglasmalereien und volkstümliche Bilder sowie sehenswerte Keramik aus Echternach, Nospelt oder Septfontaines besitzt die volkskundliche Abteilung. Hinzu kommen eine umfangreiche Waffensammlung, Modelle und alte Karten der Stadt Luxemburg, die die Geschichte der Festung veranschaulichen. Sehr empfehlenswert ist außerdem ein Rundgang durch die Kunstabteilung. Zu den sehenswerten Exponaten gehören nicht nur alte Plastiken (Abb. 43, 44), sondern auch Gemälde aus dem 13.–19. Jahrhundert, und zwar von italienischen, flämischen, niederländischen und deutschen Meistern (Farbabb. 19, 20). Werke aus der Pariser Schule stehen in der modernen Sammlung im Vordergrund.

Museum J. P. Pescatore

Diese Galerie ist geradezu ›standesgemäß‹ in der hochherrschaftlichen *Villa Vauban* untergebracht, die nach der Schleifung der Festung von dem Schuhfabrikanten Gabriel Meyer inmitten der neu angelegten Parkanlagen erbaut wurde. Später ging die Villa in den Besitz der Familie Gargan-Pescatore über, von der die Stadt Luxemburg das Anwesen 1949 erwarb. Die Bildersammlung wurde aus drei Privatgalerien des 18. und 19. Jahrhunderts zusammengestellt. Eine davon stammte von dem wohlhabenden Luxemburger J. P. Pescatore, eine zweite von Eugenie Pescatore-Dutreux, und Léon Lippmann steuerte die dritte Galerie bei. Außerdem kaufte die Stadt Luxemburg später noch einige Neuerwerbungen hinzu. Spezialgebiete der Sammlung Pescatore sind die Werke niederländischer, französischer und belgischer Meister aus dem 17. und 19. Jahrhundert. Hinzu kommen wertvolle Gemälde, Medaillen, Kupferstiche und Bücher aus dem 18. Jahrhundert.

Weitere Sehenswürdigkeiten

Neben den bereits beschriebenen Kunststätten besitzt Luxemburg noch einige weitere Anziehungspunkte, die der Vollständigkeit halber noch zusammenfassend erwähnt seien. Zentrum der Oberstadt ist die belebte **Place d'Armes** (Paradeplatz, Abb. 28), in deren Mitte der Konzertkiosk steht. Rings um den Platz reihen sich Restaurants und Straßencafés aneinander, die im Sommer von den zahlreichen ausländischen Besuchern der Stadt besonders geschätzt werden.

Nur wenige Schritte entfernt, durch eine Passage erreichbar, befindet sich die weiträumige **Place Guillaume** (Wilhelmsplatz) mit dem Reiterstandbild Wilhelms II. der Niederlande (Farbabb. 8). In der Südwestecke des Platzes steht das Neue Rathaus, 1830–1838 von Rémont aus Lüttich im klassizistischen Stil erbaut (Abb. 34, 37). Den Eingang flankieren zwei lebensgroße Löwen des luxemburgischen Bildhauers Auguste Trémont (1938).

Bei einem Spaziergang durch das tiefe Tal der Pétrusse, erreichbar über Treppenabgänge von der Place de la Constitution, kommt man nahe des großen Viadukts an der interessanten **St.-Quirinus-Kapelle** vorbei. Die ehemalige heidnische Kultstätte, an einer Quelle gelegen, wurde in den Fels der steilen Talflanke gehauen. Die vorgemauerte Fassade stammt von 1350. Vor dem Dreißigjährigen Krieg war die Kapelle ein vielbesuchtes Wallfahrtsziel. Ihr Schutzheiliger wurde gern bei Augenkrankheiten angerufen.

Empfehlenswert ist zum Abschluß eine Fahrt über die imposante Großherzogin-Charlotte-Brücke zum **Europäischen Zentrum Kirchberg.** In dem 82 m hohen Gebäude, Sitz des Sekretariats des Europäischen Parlaments, befindet sich ein Aussichtsrestaurant, das sonntags für Besucher zugänglich ist. Von hier ist es außerdem nicht weit zu den etwas unterhalb gelegenen, ihres Aussehens wegen *»Drei Eicheln«* (Trois Glands) genannten Festungstürmen des ehemaligen **Forts Thüngen.** Es wurde 1732 von den Österreichern erbaut. Die Gewehrtürme entstanden im Zuge der 1839 vom Deutschen Bund durchgeführten Modernisierungsarbeiten.

Das Gutland

Das luxemburgische Gutland hat ein milderes, günstigeres Klima als das nördlich anschließende Ösling. Außerdem sind die Böden im Gutland weitaus fruchtbarer als in den Ardennen und in der Eifel. Diesen natürlichen Vorzügen verdankte der Südteil des Großherzogtums bis ins Mittelalter seine führende Rolle im Lande, und zwar sowohl was seine wirtschaftliche, als auch seine kulturelle Entwickung anbelangte.

Während das Ösling noch im frühen Mittelalter ein unzugängliches und weitgehend unbewohntes Waldland war, hatte das seit der Steinzeit besiedelte Gutland bereits eine erste kulturelle Blütezeit unter den Römern erlebt. Diese Dominanz des waldarmen Gutlands hielt auch unter den Franken weiter an, denn auch sie ließen bei der Landnahme größere Waldgebirge wie das Ösling unberücksichtigt. Diesen abgelegenen Gebieten widmeten sich seit dem 8. Jahrhundert dann die im Gutland bzw. in seiner Umgebung gegründeten Klöster, allen voran die Abtei zu Echternach. Sie beschränkten sich nicht nur auf die Weiterverbreitung des christlichen Glaubens, sondern sie taten sich auch bei der Rodung, Besiedlung und Kultivierung des Öslings hervor. Der Einfluß der Echternacher Abtei wurde mit der Zeit so groß, daß ihre Mönche das religiöse, wirtschaftliche und kulturelle Leben im Ösling wie auch im Gutland bis ins ausgehende Mittelalter entscheidend prägten.

Echternach

Das 4000 Einwohner zählende Städtchen an der Sûre (Sauer) ist eine der ältesten Siedlungen in Luxemburg. Der Aufschwung des Ortes begann zwar erst mit dem Aufstieg der berühmten Abtei, aber schon lange vor der Kloster-

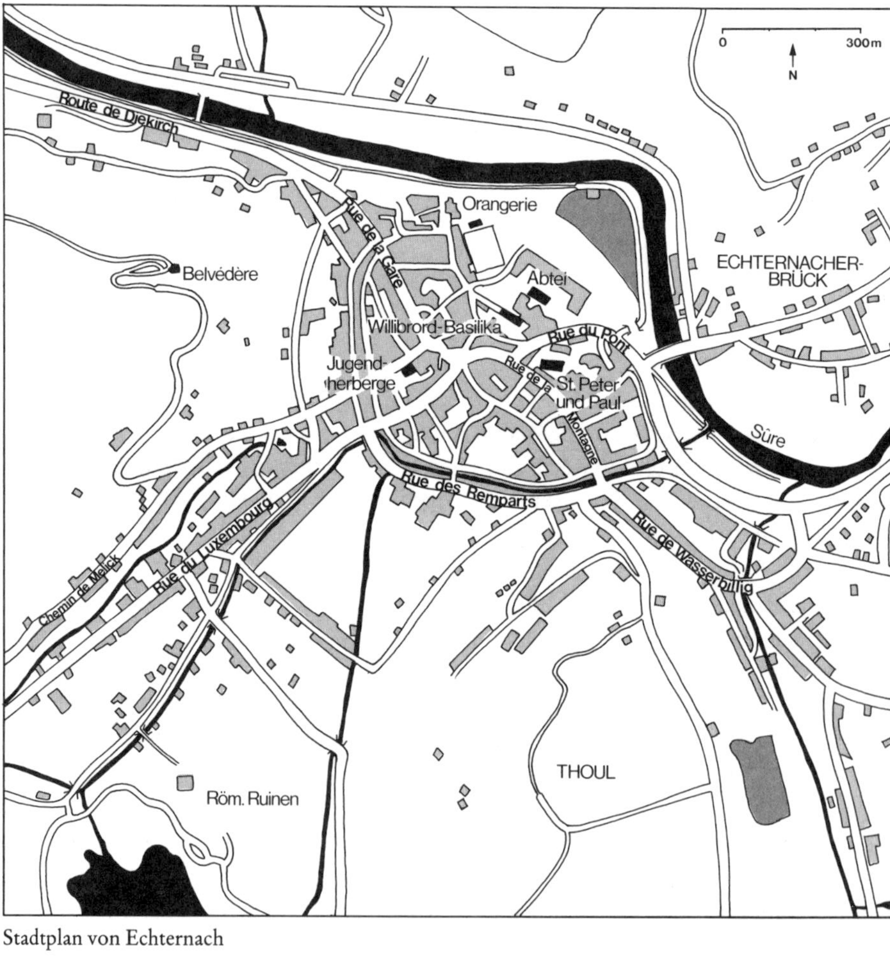

Stadtplan von Echternach

gründung durch den hl. Willibrord gab es hier eine Siedlung. Auf dem Hügel der Kirche St. Peter und Paul fand man bei Ausgrabungsarbeiten die Überreste spätrömischer und fränkischer Befestigungsanlagen, die zur Bewachung des alten Sauerübergangs errichtet worden waren. Die Anwesenheit der Römer belegen auch die freigelegten Grundmauern eines großen Palastes. Die Ausgrabungsstätte liegt direkt neben einem künstlich angelegten Freizeitsee auf dem Echternacher Gemarkungsteil *Schwarzuecht*.

Wichtigstes Datum in der Geschichte Echternachs war das Jahr 698. Damals schenkte Irmina, die Äbtissin von Oeren bei Trier, dem angelsächsischen Benediktinermönch und Utrechter Missionsbischof Willibrord die erste Echternacher Kirche, die auf dem gleichen Hügel stand, auf dem sich heute die Kirche St. Peter und Paul erhebt (Abb. 46). Zu dieser Schenkung gehörte außerdem die *Villa epternacum*, ein Hospiz für schottische Wandermönche, sowie ein kleines Kloster (monasteriolum). Pippin II., ein naher Verwandter Irminas, überließ Willibrord 706 auch seinen Erbanteil am Gut Echternach. In späteren Jahren folgten noch weitere Donationen, so daß das Kloster im Lauf der Zeit über einen beachtlichen Grundbesitz verfügen konnte. Damit waren die wirtschaftlichen Voraussetzungen für die späterhin überragende Stellung der Abtei gegeben. Es standen die Mittel zur Verfügung, die nach dem Tod Willibrords den Bau einer großen Klosterkirche ermöglichten. Außerdem konnte sich die berühmte Schreiberschule frei entfalten (s. S. 40).

Der hl. Willibrord. Federzeichnung aus dem *Liber aureus* von Echternach, 12. Jh.

St.-Willibrordus-Basilika

Die Echternacher Willibrordskirche (Farbabb. 33, 34) ist ohne Zweifel das eindrucksvollste Gotteshaus Luxemburgs. Ihre vier mächtigen Türme überragen weithin sichtbar die Dächer der Stadt und demonstrieren auf eindrucksvolle Weise Wohlstand und Macht der ehemaligen Benediktinerabtei, deren repräsentative Klostergebäude sich um die Kirche scharen.

Der rasche Aufstieg des Echternacher Klosters zur führenden geistlichen Macht in Luxemburg hatte schon sehr bald nach dem Tod Willibrords eingesetzt. Zu Lebzeiten des Friesenmissionars mußte man sich freilich noch mit einem winzigen Kirchlein von 24 m Länge bescheiden, das der hl. Willibrord um 704 errichten ließ. Die wirtschaftlichen Möglichkeiten zum Bau einer größeren Kirche waren erst gegeben, als Pippin II. der Abtei seinen Anteil am Gut Echternach schenkte. Aber nicht nur der wachsende Wohlstand, sondern auch der rege Pilgerandrang zu Willibrords Grab in der Kirche von 704 ließ noch vor dem Ende des 8. Jahrhunderts die Pläne zu einem Neubau heranreifen, die um 800 schließlich in die Tat umgesetzt wurden. Die klösterlichen Bauhütten errichteten über der alten Kirche eine dreischiffige Basilika im Stil der karolingischen Renaissance. Charakteristisch für diesen frühmittelalterlichen Baustil war die Wiederaufnahme antiker Formenelemente. Leider ist von diesem ersten großen Gotteshaus, das in etwa die Dimensionen der heutigen Basilika besaß, außer der Krypta nichts mehr erhalten geblieben. Es gibt auch keinerlei urkundliche Überlieferungen, die genauere Schlüsse über die Beschaffenheit des am 22. August 1016 durch eine Feuersbrunst zerstörten Bauwerks zulassen.

Ansicht der Echternacher Basilika, Zeichnung aus dem 19. Jh.

Beim Wiederaufbau der niedergebrannten Kirche ließ Abt Urold die Mauern des zerstörten karolingischen Bauwerks zum Teil wieder verwenden. 1031 fand die Weihe statt. Trotz aller Veränderungen im Lauf der Zeit – Mitte des 13. Jahrhunderts wurden unter Abt Arnold beispielsweise zwei mächtige Westtürme hinzugefügt und gotische Gewölbe und Fenster eingebaut – blieb diese romanische Kirche in ihren Grundzügen bis heute erhalten.

In große Gefahr geriet das altehrwürdige Bauwerk allerdings zweimal. Der Verfall drohte ihm, als die französische Verwaltung 1797 die Abtei auflöste und den gesamten Klosterbesitz versteigerte. Die Kirche wurde in eine Fayencenfabrik umgewandelt. Von 1862 bis 1868 gelang es jedoch dem Echternacher Willibrordus-Bauverein, sämtliche Schäden zu beheben und das großartige Zeugnis christlicher Baukunst für die Nachwelt zu erhalten. Die schwersten Schäden wurden der Willibrordskirche am 26. Dezember 1944 während der Ardennenoffensive zugefügt, als deutsche Truppen die Westtürme sprengten und dabei fast die gesamte Westhälfte der Basilika in Schutt und Asche legten. Aber auch diesen sinnlosen Akt der Zerstörung hat das Gotteshaus dank des Engagements der luxemburgischen Regierung überdauert. Sie erklärte den Wiederaufbau der wertvollsten Kirche des Landes zur nationalen Aufgabe und ließ das Gotteshaus auf Staatskosten in alter Schönheit rekonstruieren und restaurieren. 1948 wurde mit den Arbeiten begonnen, und im Frühjahr 1952 präsentierte sich die Kirche wieder weitestgehend in ihrer ursprünglichenGestalt mit den vier charakteristischen romanischen Türmen. Die gotischen Gewölbe des Mittelschiffs waren allerdings so stark beschädigt, daß man hier die frühromanische Balkendecke wiederherstellte. In den Seitenschiffen konnten dagegen die gotischen Kreuzrippengewölbe aus dem 13. Jahrhundert beibehalten werden; ebenso die fünfteiligen Lanzettfenster des 13. Jahrhunderts.

So bedauernswert die Zerstörung der Kirche auch gewesen sein mag: Bei den Wiederherstellungsarbeiten wurde ein mehr als interessanter Fund gemacht. Man entdeckte im Mittelschiff die Reste der vom hl. Willibrord um 704 errichteten merowingischen Abteikirche, in der sich auch das erste Grabmal des Heiligen befand. Es konnte zwischen dem Altar und der ehemaligen Chorrückwand festgestellt werden. Die exakte Vermessung des Altargrundrisses ermöglichte in jüngster Zeit schließlich die Erkenntnis, daß hier einst das *Retabel von Rosport* – ausgestellt im Staatsmuseum Luxemburg – seinen ursprünglichen Platz gehabt haben muß (s. S. 43 und Abb. 47). Bei den Ausgrabungsarbeiten konnten außerdem noch Reste des karolingischen Vorgängerbaus der heutigen Kirche freigelegt werden. Nachgewiesen wurden eine Apsis im Westen sowie die zwei Ostapsiden, die die beiden Seitenschiffe abschlossen.

Interessantes Detail im Innenraum der heutigen Kirche ist der seit dem 11. Jahrhundert unverändert erhalten gebliebene Wechsel von Pfeilern und Säulen, die das Hauptschiff von den Seitenschiffen trennen (Farbabb. 34). Dieser sogenannte ›Stützenwechsel‹ kam in der Echternacher Abteikirche erstmals zur Anwendung. Man spricht deshalb in der kunstgeschichtlichen Literatur häufig vom »Echternacher System«: Größere, von Pfeiler zu Pfeiler gespannte Bögen, überlagern jeweils kleinere Doppelbögen, die – in Echternach – auf korinthischen Säulen ruhen. Dieses später in vielen Kirchen nachempfundene Konstruktionsprinzip ist ausgezeichnet dazu geeignet, die klösterliche Schlichtheit und Strenge des

Die Echternacher Springprozession. Holzschnitt eines unbekannten Künstlers aus *L'Illustration* vom 2. Juni 1855. Luxemburg, Bibliothèque Nationale

Kircheninnenraums abzuschwächen. Eine weitere Besonderheit der Willibrordsbasilika ist ihr im Grundriß rechteckiger Chor, dessen Längsachse außerdem noch leicht gegen die des Mittelschiffs versetzt ist. Ähnliches findet man an gotischen Kathedralen in England.

Als beachtenswerte Leistungen moderner Kunst gelten die Glasfenster, die von fünf luxemburgischen und vier französischen Malern geschaffen wurden. Sie lassen den schmerzlichen Verlust jener monumentalen Glasmalereien fast vergessen, die Anton Wendling in jahrelanger Arbeit für die zwölfhundertjährige Gedenkfeier zum Tod des hl. Willibrord (1939) hergestellt hatte. Diese waren im Zweiten Weltkrieg restlos zerstört worden.

Jacques le Chevalier aus Paris schuf die Chorfenster: im Osten Christus inmitten der Evangelistensymbole, in der Mitte der hl. Willibrord, flankiert von den beiden Apostelfürsten Petrus und Paulus, Patrone der ersten Echternacher Abteikirche. An der rechten Chorseite erkennen wir die zwölf Apostel, und das linke Fenster zeigt Propheten- und Patriarchengestalten aus dem Alten

Testament. Die Fenster des Querschiffs mit den Sieben Freuden und den Sieben Schmerzen der Gottesmutter bemalte der aus Echternach stammende Künstler Franz Gillen. Von ihm stammen außerdem die nördlichen Hochfenster des Mittelschiffs, auf denen der Lebenslauf Willibrords dargestellt ist. Die südliche Fensterreihe schufen Emil und Joseph Probst. Sie malten mehrere Heilige des Benediktinerordens sowie Persönlichkeiten der Echternacher Abteigeschichte. Die Zeichen des astronomischen Tierkreises zieren die Fensterrose der Fassade. Jean Barillet, Théodore Hanssen und Gustav Zanter entwarfen die Fenster der Seitenschiffe und der drei zugehörigen Barockkapellen. Dargestellt sind insgesamt über 30 Szenenbilder aus dem Leben des hl. Willibrord. Paul Bony schließlich schuf die Fenster der vom Chor aus zugänglichen Sebastianskapelle, die Glasmalereien der Empore stammen von Tony Hagen.

Bevor man in die von der karolingischen Kirche übriggebliebene Krypta hinuntersteigt, empfiehlt sich noch ein kurzer Blick in zwei der drei Seitenkapellen. Die Willibrorduskapelle an der Kirchensüdseite birgt einen Reliquienschrein, in dem wir unter anderem das Bußgewand des Kirchenpatrons erkennen. Die benachbarte Kapelle enthält einen schönen Flügelaltar mit dem bekannten Willibrordbild des aus Mecheln stammenden flämischen Malers Anton Stevens (1604). Das Gemälde zeigt den Heiligen vor einer Pilgergruppe. Im Hintergrund erkennt man deutlich die Echternacher Abteikirche, deren damaliger Zustand auf diese Weise dokumentiert wird.

Zur Krypta führen von den Seitenschiffen zwei großzügig angelegte Treppen hinunter. Die alte karolingische Unterkirche besteht aus einfachen und schmucklosen tonnengewölbten Gängen. Im Chor sind allerdings noch deutlich die Reste eines Marienlebens zu erkennen. Das Werk stammt aus dem 11. Jahrhundert und wurde vermutlich von der zweiten berühmten Schreiberschule der Abtei angefertigt. Links neben dem Chor erreicht man über Stufen den sogenannten Willibrordusbrunnen. Es handelt sich um eine Quelle mit geringer Schüttung, die früher offenbar ein Taufbecken mit Wasser versorgte.

Der südliche Teil der Krypta hebt sich baulich deutlich von der karolingischen Kammer ab. Er wurde erst 1635 hinzugefügt. Keine 50 Jahre alt ist die Confessioanlage der Krypta, über der der moderne Confessioaltar der Oberkirche steht. Ein Lichtschacht stellt die Verbindung zwischen beiden Stockwerken her. In der Mitte der Confessioanlage befindet sich seit 1938 das Grabmal des hl. Willibrord: der einfache merowingische Steinsarg mit den Reliquien des Klostergründers, umgeben von einem marmornen Grabdenkmal, das 1906 in neugotischem Stil skulptiert wurde.

Die letzte Ruhestätte Willibrords wurde seit dem Tod des Heiligen mehrmals verlegt, bevor man den Sarg in der heutigen Krypta aufstellte. Nach seinem Tod am 7. November 739 wurde Willibrord in der von ihm selbst erbauten ersten Abteikirche beigesetzt, und zwar zunächst zwischen dem Hauptaltar und der Chorrückwand. Kurze Zeit später wurde ihm angesichts des regen Pilgerandrangs ein prunkvolles Grab in der Mitte des Chorraums errichtet.

Nach der Niederlegung der zu klein gewordenen Kirche wurden die Gebeine des Heiligen unter dem Hochaltar des karolingischen Neubaus bestattet. Von dort verbrachte man den Steinsarg in die Krypta, um ihn vor einer möglichen Plünderung durch die ins Land einfallenden Normannen und Ungarn zu schützen. Kaum war die heutige Kirche 1031 fertiggestellt, verlegte man das Grab abermals unter den Hochaltar der Oberkirche. Bis 1794, als die Reliquien in privaten Besitz übergingen –, wechselte der Sarg Willibrords noch einige Male seinen Standort, und auch seit 1828, als man die Gebeine des Kirchenpatrons wieder in den merowingischen Steinsarg betten konnte, mochte man sich noch nicht definitiv für eine endgültige letzte Ruhestätte entscheiden. Zunächst fand der Sarg in der Pfarrkirche St. Peter und Paul Aufstellung, bevor er 1906 wieder feierlich in die inzwischen restaurierte Basilika zurückgeführt wurde.

Die Abtei

Macht und Wohlstand zeichneten die Echternacher Benediktinerabtei nicht nur während des Mittelalters aus. Einen sichtbaren Beweis, quasi eine Demonstration wirtschaftlichen Wohlergehens, lieferten im 18. Jahrhundert Abt Matthias Hartz und seine Nachfolger. Sie ließen sämtliche alten Klostergebäude abreißen und an ihrer Stelle prunkvolle Barockneubauten errichten, die in ihren Dimensionen nirgendwo sonst in Luxemburg ihresgleichen finden. Sie prägen das Echternacher Stadtbild ebenso wie die mit ihrem nördlichen Seitenschiff unmittelbar angrenzende mittelalterliche St.-Willibrord-Basilika und können sich durchaus mit den großen fürstbischöflichen Residenzen in Deutschland messen.

Als erstes entstand der um einen quadratischen Innenhof angeordnete Hauptbau, dessen repräsentative Fronten jeweils exakt 75 m lang sind. Architekt war der Benediktinermönch Leopold Durand aus der lothringischen Abtei St. Avold, und die Bauleitung übernahm Sigmund Mungenast aus der berühmten Tiroler Baumeisterfamilie. Die Bildhauerarbeiten führte Meister Quirin aus Trier aus. Portale, Tore, schmiedeeiserne Gitter und Treppengeländer entwarfen Mönche aus der Abtei Orval. Die Herkunft der Künstler aus verschiedenen Teilen Europas läßt sich an den einzelnen Gebäudeteilen deutlich ablesen: Während die Fassade des

Haupthauses mit der großzügig angelegten Freitreppe die charakteristischen Formen des österreichischen Barock anklingen läßt, spiegelt der Innenhof die weniger verspielte Art lothringischer Schloßhöfe wider.

Den Abschluß der weiträumigen Anlage bilden die kranzförmig um den Hauptbau angeordneten ehemaligen Wirtschaftsgebäude, die unter dem Abt Gregor Schouppe von 1732 bis 1736 errichtet wurden. Sie sind außen vom ehemaligen Lustgarten des Klosters, dem heutigen Stadtpark, umgeben. Vom Vorhof der Abtei gelangt man durch das nach Norden ausgerichtete Haupttor über den einstigen Prälatenweg in die gepflegten barocken Gartenanlagen (Farbabb. 32). Er führt direkt auf die Orangerie zu, einen zierlichen Barockbau, der von 1735 bis 1736 nach den Plänen Durands entstand. Die Fassade schmücken verspielt wirkende Plastiken aus der Würzburger Schule von Ferdinand Tietz. Sie symbolisieren die vier Jahreszeiten. Ein Meisterwerk des Rokoko, vermutlich von Paul Mungenast, ist der 1765 vollendete Pavillon, in seiner Art an den Zwinger in Dresden erinnernd. Der Grundriß des beschwingt wirkenden Bauwerks ist ein unregelmäßiges Fünfeck. Über dem offenen Erdgeschoß befindet sich ein Festsaal mit schönen Korbbogenfenstern, eingerahmt von Pilastern. Die Giebelfelder über den Fenstern tragen plastischen Ornamentschmuck, und die fünf Ecken zwischen den Fenstern, konkav nach innen gewölbt und kleine Nischen bildend, zieren allegorische Steinfiguren.

Kirche St. Peter und Paul

Die Echternacher Pfarrkirche (Abb. 46) erhebt sich auf dem einst strategisch sehr bedeutenden Hügel im Zentrum

Aufriß der Kirche
St. Peter und Paul

der Stadt, auf dem schon die Römer ein Kastell zur Überwachung des Sauerübergangs errichtet hatten. Die Überreste der Ringmauer mit den vier Wachtürmen wurden bei Ausgrabungsarbeiten freigelegt. Zum Kastell gehörte auch ein 14 m tiefer Brunnen, über dem im 10. Jahrhundert die heutige Kirche errichtet wurde. Zuvor standen hier bereits die Kirche und das kleine Kloster der Oerener Äbtissin Irmina, die ihren Besitz, wie schon mehrfach erwähnt, dem hl. Willibrord vermachte. Die Gebäude der merowingischen Epoche waren durch eine Ringmauer aus römischen Steinen geschützt, die man an Ort und Stelle wiederverwendet hatte. Teile dieser Mauer gibt es heute noch.

Auch die Pfarrkirche des 10. Jahrhunderts war für die Bewohner der Umgebung eine Zufluchtstätte, die ihnen vor feindlichen Angriffen Schutz bot. Von dem romanischen Bauwerk sind die beiden Türme sowie die Krypta, der Chor und die Außenmauern noch erhalten. Gegen Ende des 15. Jahrhunderts wurde das Gotteshaus gotisiert: Die romanischen Rundbogenfenster mußten größtenteils weichen, und die alte Holzbalkendecke wurde durch gotische Gewölbe ersetzt. Außerdem erhielt die Westseite einen Chor. Das Querschiff ließ man nach Norden hin verlängern. 1684, als Echternach von den Truppen Ludwigs XIV. besetzt wurde, errichteten die Franzosen eine neue Ringmauer, die heute teilweise restauriert ist. Genügend behauene Steine aus früheren Epochen standen ihnen dabei als Baumaterial an Ort und Stelle zur Verfügung. Zu Beginn des 18. Jahrhunderts wurde die bis dahin im mittelalterlichen Zustand erhaltene Kirche durch den Echternacher Abt namens Kees umgebaut (1718). Im Zuge dieser Arbeiten erlitt das Bauwerk leider einige größere Schäden. So stürzte bei dem Versuch, den Fußboden um 1,80 m tiefer zu legen, das Gewölbe der Krypta ein, und die romanische Apsis, deren Fundamente heute noch sichtbar sind, mußte abgerissen und durch einen neuen Choranbau ersetzt werden. 1966 wurden umfangreiche Renovierungs- und Restaurierungsarbeiten durchgeführt. Es gelang, die Kirche und den Pfarrkirchhügel mit den römischen, merowingischen und französischen Ringmauerteilen weitgehend wieder in den Zustand von 1718 zu versetzen.

Alte Sûrebrücke

Ein Kleinod mittelalterlicher Brückenbaukunst ist die malerische alte Sûrebrücke, die Echternach mit dem deutschen Ufer des Flusses verbindet. Schon zur Römerzeit existierte hier eine feste Brücke im Zug der Straße von Altrier über Echternach nach Bitburg. Vermutlich stammen die aus großen Steinquadern errichteten Strompfeiler und die Widerlager an den Ufern noch aus dieser Zeit. Sie wurden im Mittelalter lediglich mit neuen Gewölben über-

62 Schloß Berg-sur-Attert

63 Kloster Marienthal

64 Schloß Ansembourg

65 Burg Schoenfels, Wohnturm

66 Septfontaines, Pfarrkirche

67 Grablegung Christi in der Pfarrkirche von Septfontaines

68 Koerich, Dekanatskirche St. Remigius

69 *Pietà* in der Dekanatskirche in Koerich

70 Bertrange, Neues Schloß

71 Lenningen, Pfarrkirche

72 Mondercange, Pfarrkirche

73 Remich, Porte St-Nicolas

74 Remich, Straßenecke mit historischem Wohnhaus

75 Waldbredimus, Dorfstraße (1983)

76 Kirche von Waldbredimus

77 Esch-sur-Alzette, Turm des ehemaligen Schlosses Berwart

78 Das Industrierevier

80 Landschaft an der Sûre ▷

79 Schloß Bettembourg

baut. Leider wurde auch dieses wertvolle Kunstdenkmal ein Opfer des nationalsozialistischen Irrsinns, denn deutsche Truppen sprengten die Brükkengewölbe bei ihrem Rückzug im September 1944.

Nach dem Krieg wurde die alte Brükke wiederaufgebaut und weitgehend in ihren ursprünglichen Zustand versetzt. Heute steht die Statue des Abtes Bertels wie eh und je auf dem Brückengeländer. Im Vergleich zu früher fehlt jedoch über der Strommitte ein Brückenbogen, weil man aus Gründen des Hochwasserschutzes einen Strompfeiler abtrug und die ehemals zwei Bögen durch ein doppelt so weit gespanntes Gewölbe ersetzte. Auf diese Weise ist ein schnellerer Abfluß garantiert.

Der Dingstuhl (Denzelt)

Der altertümliche Echternacher Marktplatz wird von der eindrucksvollen 11 m langen gotischen Fassade des sogenannten *Dingstuhls* oder *Denzelt* beherrscht, Sitz des Rates der Stadt (Farbabb. 31). Der Name dieses beachtenswerten mittelalterlichen Profanbaus ist vom mittelhochdeutschen Wort ›Thing‹ abgeleitet, was soviel wie Beratung bedeutet. Beratungen fanden hier auch in früheren Zeiten statt, denn im Dingstuhl residierte das unter der Oberhoheit des Klosters stehende Schöffengericht, dem die Rechtssprechung in der Stadt oblag. Der vorsitzende Schultheis wurde ebenso wie die Schöffen vom Abt ernannt und in der Sebastianskapelle der St.-Willibrord-Basilika vereidigt.

Das Gerichtsgebäude wurde vermutlich nach dem Großfeuer von 1444 erbaut, dem fast die gesamte Stadt zum Opfer fiel. Die Fertigstellung erfolgte wahrscheinlich noch vor dem Tod des Abtes Winand von Gluvel (1465), der als Initiator des Neubaus gilt. Sein heutiges Aussehen dürfte der Dingstuhl unter dem 1529 gestorbenen Abt Robert von Montreal erhalten haben, der noch einige Umbauten vornehmen ließ.

Die Sonderstellung des Denzelt im Gebäudeensemble des Marktplatzes wird schon durch seine auffällige Plazierung deutlich, die unübersehbar den Rahmen des Normalen sprengt. Das Bauwerk springt fast 6 m weit aus der gewöhnlichen Häuserflucht vor und schiebt sich dadurch mit seiner spitzbogigen offenen Halle im Erdgeschoß optisch in den Vordergrund. Diese Wirkung wird noch dadurch erhöht, daß die Säulen der laubengangartigen Halle auf einem um die Höhe von zwei Treppenstufen über dem Pflaster des Marktplatzes gelegenen Steinpodest ruhen. Für ein aufwendiges Eingangsportal war bei dieser Konstruktion allerdings kein Platz vorhanden. Das Treppenhaus zu den beiden Obergeschossen erreicht man deshalb nur durch eine unscheinbare Seitentür.

Die offene Halle im Erdgeschoß war wohl unter Berücksichtigung der Gebäudefunktion konzipiert worden, denn sie eignete sich optimal zur Abhal-

tung der sogenannten *Jahrgedinge,* an denen alle Bürger der Stadt teilnehmen mußten. Die Schöffen wiesen ihnen ihre Rechte, und man einigte sich über die Bußen, die von ertappten Übeltätern abzulegen waren. Daß es dabei auch um Leben und Tod gehen konnte, beweist die im Gerichtshaus untergebrachte Folterkammer.

Besonders erwähnenswerte Details der Hauptfassade sind sechs Statuen, die – in zwei Gruppen aufgeteilt – auf den beiden deutlich vorkragenden Simsen angebracht sind, die die drei Stockwerke des Gebäudes nach außen sichtbar voneinander trennen. An den beiden äußeren Ecken stehen Temperantia, Prudentia, Justitia und Fortitudo, die die vier Kardinaltugenden verkörpern. Unten in der Mitte erkennt man Salomon als den weisen Richter, und über ihm hält die Madonna mit dem Kind ihre ausgestreckte Hand schützend über die Bürger der Stadt. Bemerkenswert sind auch die reich gegliederten gotischen Fenster mit profilierten Kreuzstockpfosten und schönem Blendmaßwerk. Die wertvolle Bleiverglasung wurde nach dem Ende des Zweiten Weltkriegs von dem Echternacher Künstler Franz Gillen, der auch einen Teil der Glasfenster in der Abteikirche gestaltete, mit Motiven zur Geschichte der Stadt bemalt.

Römervilla Schwarzuecht

Die in einer ehemaligen Flußschlinge der Sûre entdeckten und bei Ausgrabungsarbeiten von 1975 bis 1976 freigelegten Grundmauern eines hochherrschaftlichen Gutshofes gehören zur größten bisher auf luxemburgischem Boden bekannt gewordenen gallo-römischen Anlage überhaupt. Ihre maximale Breite beträgt immerhin 220 m bei einer Mindestlänge von 320 m. Wohn- und Wirtschaftsbereich waren durch Hofmauern voneinander getrennt in *pars domestica* und *pars rustica.*

Daß es sich hier um den Besitz eines sehr wohlhabenden Römers gehandelt haben muß, belegen nicht nur die imponierenden Dimensionen der Gesamtanlage, sondern auch die Abmessungen und die noch feststellbaren Ausstattungsdetails des Herrenhauses. Am großzügigsten war wohl die 10 × 12 m große Empfangshalle im Mittelteil des Wohntrakts angelegt, der an beiden Seiten von je einem Seitenflügel (Risalit) flankiert wurde. Der gesamte Fußboden war mit einem kostbaren Mosaik ausgelegt, und in der Mitte stand ein

◁ Marktplatz von Echternach mit dem *Dingstuhl,* um 1869. Holzschnitt von A. Barbere nach einer Zeichnung von Willem Hecking jr. Luxemburg, Bibliothèque Nationale

achteckiges Wasserbecken mit Springbrunnen. Die Wände hatte man – ein Ausdruck höchsten Wohlstands – mit Marmor getäfelt. Weitere Mosaikbodenreste wurden auch in zwei anderen Räumen des Mittelteils gefunden; wahrscheinlich gab es insgesamt sogar sechs mit Mosaikböden ausgestattete Zimmer. Mehrere davon besaßen eine Fußbodenheizung.

Besonders komfortabel waren die Baderäume eingerichtet, die sich im Südrisalit befanden. Neben einem sogenannten *caldarium*, einem warmen Raum, gab es ein *tepidarium* (lauwarmer Raum) mit eingebauter Sauna sowie ein *frigidarium* und ein 9 × 9 m großes Schwimmbecken *(natatio)*. Geradezu fürstlichen Ansprüchen muß auch der 34 × 73,50 m große Innenhof entsprochen haben, der an drei Seiten von dem Portikus umschlossen wurde, der dem Mitteltrakt des Wohnbereichs im Nordosten vorgebaut war. In der Mitte des Hofes befand sich ein großzügig angelegtes Zierbecken von 12 × 60 m, prunkvoll ausgestattet mit kostbaren Figuren.

Zwischen Sûre und Alzette

Der Nordosten des Gutlands liegt ziemlich exakt zwischen den beiden Flüssen Sûre und Alzette, die diesen Raum im Westen, Norden und Osten umfassen. Nach Süden erfolgt der allmähliche Übergang in die Lothringische Hochfläche. Mehrere der bekannteren Burgen und Schlösser liegen hier dicht beieinander.

Nordwestlich von Echternach liegt **Beaufort** (Befort), ein Dorf von etwas mehr als 800 Einwohnern. Der kleine Fremdenverkehrsort breitet sich im flachen Tal des Haupeschbachs aus, der hier über die Hochfläche des Gutlands fließt. Nicht weit flußabwärts, etwa 80 m tiefer gelegen, erhebt sich die geradezu romantisch anmutende Ruine der Burg Beaufort (Abb. Umschlagvorderseite), überragt vom neuen Renaissanceschloß gleichen Namens. Die häufig als »luxemburgisches Heidelberg« bezeichnete Anlage thront auf einer Anhöhe etwa 10 m über dem Grund des Tales, wo sich ein kleiner Teich des aufgestauten Haupeschbachs ausbreitet. Von der Hochfläche ist der Standort der Burg durch einen natürlichen Geländeeinschnitt getrennt, der künstlich vergrößert worden ist.

Die zur Anlage von Verteidigungsplätzen sehr günstigen natürlichen Voraussetzungen über den steilen Flanken der tief eingeschnittenen Flußtäler dieser Gegend waren schon in frühgeschichtlicher Zeit erkannt worden. Nur 1 km entfernt, auf einem Felsvorsprung über dem Houschbach, befinden sich die Überreste der eingangs bereits er-

Ruine von Burg Beaufort, 1857. Holzstich von G. Vanderhecht, veröffentlicht im *Magasin pittoresque*, Paris 1857. Luxemburg, Bibliothèque Nationale

wähnten Aleburg (s. S. 24/25), eines eisenzeitlichen Häuptlingssitzes. Ein Wall mit Graben versperrte den einzigen Zugang zu dem rund 1 ha großen Bergsporn, den die Häuptlingsfamilie mit ihrem Gesinde bewohnte.

Dort, wo heute die Burg von Beaufort steht, befand sich vorher vermutlich schon ein römisches Kastell namens *Castellum Belforti.* Es ist denkbar, daß der alte Kern der späteren mittelalterlichen Burg zu Beginn des 13. Jahrhunderts aus den Steinen des Römerkastells errichtet wurde. Als Bauherrn nimmt man Walter von Wiltz und Befort an, der in einer Urkunde von 1192 als erster Lehnsherr erwähnt wird. 816 befand sich Beaufort *(Bedonis Castellum)* noch im Besitz der Trierer St.-Irmina-Abtei, die das Gut jedoch um 1000 an einen ihrer Sachverwalter abtreten mußte. Den ältesten Teil der Burganlage erkennt man als Besucher an den drei eckigen, niedrigen Türmen und am Grundriß, der den Geländeverhältnissen in Form eines unregelmäßigen Vierecks angepaßt ist. Die erste Ausbauphase fand in der zweiten Hälfte des 14. Jahrhunderts statt. Die alten Mauern mußten nach innen beträchtlich verstärkt werden, um einem eventuellen Beschuß mit Kanonen widerstehen zu können. In der zweiten Hälfte des 16. Jahrhunderts erhielt die Anlage, abermals in Anpassung an waffentechnische Fortschritte, ihre beiden mit Schießscharten bestückten Rundtürme, zusammen mit einer zweiten Befestigungsmauer. Kurz darauf ließ Graf Peter Ernst von Mansfeld, der von Karl V. als Gouverneur des Großherzogtums eingesetzt worden war, dem südlichen Rundturm zwei Wohngeschosse im Stil der frühen Renaissance aufsetzen. Aber schon wenig später begann Feldmarschall Hans von Beck, ebenfalls Gouverneur von Luxemburg, mit dem Bau des neuen, heute noch bewirtschafteten Renaissanceschlosses, 15 m oberhalb der alten Burg. Die mittelalterlichen Wohnverhältnisse genügten den gestiegenen Ansprüchen nicht mehr, und schon bald wurde die Burg dem Verfall überlassen.

Aufriß der *Maison de Créhange* von Larochette (nach M. Robert Leer)

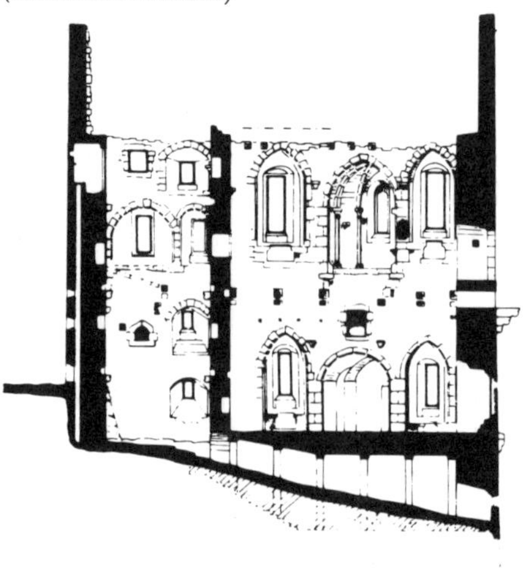

Eine weitere bekannte Burgruine finden wir in **Larochette,** wenige Kilometer südwestlich von Beaufort. Die spätestens im 12. Jahrhundert gegründete Anlage macht ihrem Namen alle Ehre. Sie erhebt sich auf einem senkrecht aufragenden Felsplateau, und zu ihren Füßen breitet sich das gleichnamige Dörfchen aus, das sich im Schutz der Burg entwickeln konnte. An der höchsten Stelle innerhalb der Burg stand einst ein viereckiger Bergfried, von dem aus man die weitere Umgebung kontrollieren konnte. Es bestand Sichtkontakt zu einem 400 m entfernten Aussichtspunkt, der wiederum mit den benachbarten Burgen Meysembourg und Fischbach in Verbindung stand. Die dominierenden Teile der Ruine sind die *Maison de Hombourg,* ein Wohntrakt aus dem 14. Jahrhundert, am Eingang der Burg und die 1384 vollendete *Maison de Créhange,* ein beachtenswerter gotischer Palas, in dessen Innerem sich auch die Burgkapelle befand. 1565 wurde Larochette ein Raub der Flammen. Der Großbrand zerstörte auch einen Teil des Dorfes. Oswald und Paul von der Feltz begannen anschließend zwar mit dem Wiederaufbau der Burg, aber die Arbeiten wurden nur zum Teil ausgeführt. Der endgültige Verfall war nicht mehr aufzuhalten, als im 17. Jahrhundert unten im Dorf das neue Schloß vollendet wurde.

Wie ein verwunschener Märchenpalast mutet **Schloß Meysembourg** (Farbabb. 37) an, das im stillen Tal des Manzebachs liegt, umgeben von schönen Wäldern. Man fühlt sich unwillkürlich an eines der ›Märchenschlösser‹ des Bayernkönigs Ludwig II. erinnert, wenngleich Schloß Meysembourg in seinen Dimensionen bei weitem bescheidener ist. Die heutige Anlage entstand etwa zur gleichen Zeit wie die bayerischen Königsschlösser: in der zweiten Hälfte des 19. Jahrhunderts. Die Pläne lieferte der bekannte luxemburgische Architekt Charles Arendt. Das im Stil der Neo-Renaissance gehaltene Bauwerk wurde 1880 vollendet. An gleicher Stelle stand zuvor schon die alte Burg Meysembourg, die jedoch im Lauf der Jahrhunderte mehrmals zerstört worden war. 1388 brannten die Truppen des französischen Königs Karl VI. Meysembourg nieder; 1453 wurde die Anlage von Philipp dem Guten zerstört, und 1683, während der Belagerung der Stadt Luxemburg durch die Armeen Ludwigs XIV., legten abermals Franzosen die Burg in Schutt und

Larochette, 1873. Holzschnitt von A. Barbere nach einer Zeichnung von Willem Hecking jr. Luxemburg, Bibliothèque Nationale

Asche. Bereits 1711 konnte der Wiederaufbau abgeschlossen werden. Aber auch diese Anlage hatte nur kurze Zeit Bestand. Erhalten blieb jedoch die barocke Schloßkapelle, die von Charles Arendt modernisiert wurde. Im Innern befindet sich das sehenswerte Renaissancegrabmal des 1580 verstorbenen Oswald von der Feltz, Schloßherr von Meysembourg, Larochette und Fischbach. Eine wertvolle Schnitzarbeit ist das Tabernakel.

Schloß Fischbach, oberhalb des gleichnamigen Dorfes gelegen, ist nur einen Steinwurf weit von Meysembourg entfernt. Hier stand schon gegen Ende des 9. Jahrhunderts eine erste einfache Burg. Die heutige Anlage stammt aus dem Jahr 1638. Sie entstand aus den Trümmern eines im Dreißigjährigen Krieg zerstörten Vorgängerbaus. Die beiden Seitenflügel wurden um 1780 hinzugefügt. Schloß Fischbach ging 1850 in den Besitz Wilhelms III. von Luxemburg über, und 1884 erwarb Herzog Adolph von Nassau, der spätere Großherzog von Luxemburg (1890), das Anwesen. Seit 1945 ist Fischbach bevorzugte Residenz der Großherzogin Charlotte. Aus Sicherheitsgründen ist es deshalb heute nicht möglich, auch nur bis auf Sichtweite an das Schloß zu gelangen, so daß eine Fahrt dorthin nicht empfohlen werden kann.

Lohnend ist dagegen ein Besuch in **Bourglinster** (Farbabb. 27, Abb. 49, 50). Die auf einem steil zum Dorf abfallenden Fels thronende Burg gehört zu den schönsten Anlagen des Landes. Sie gelangte 1968 in denkbar schlechtem baulichem Zustand in Staatsbesitz. Um einen weiteren Verfall der Ruine zu verhindern, wurden bereits 1969 sämtliche Dachkonstruktionen erneuert. In den Jahren danach begann man damit, in mühseliger Kleinarbeit sämtliche Außenfassaden zu restaurieren. Diese Arbeiten sind inzwischen längst abgeschlossen. Zur Zeit sind die Fachleute des »Service des Monuments historiques« noch damit beschäftigt, das Innere wiederherzustellen, so daß es in absehbarer Zeit wieder möglich sein wird, den gesamten Baukomplex von Bourglinster zu besichtigen.

Bourglinster, um 1857. Lithographie von A. Cassagne nach einer Zeichnung von J.-B. Fresez. Luxemburg, Bibliothèque Nationale

Bourglinster war im Mittelalter der Sitz der Herren von Linster. Erstmals urkundlich erwähnt wird dieses Geschlecht zwar erst 1210, aber die Burg ist bedeutend älter, wie die anläßlich der Restaurierung der Anlage durchgeführten Ausgrabungen zeigten. Unter dem Chor der gotischen Burgkapelle aus der 2. Hälfte des 14. Jahrhunderts, die unmittelbar über den Dächern des Dorfes aufragt, fand man die Fundamente eines romanischen Chorraums, der vermutlich schon im 11. Jahrhundert errichtet wurde. Außerdem wurden im heutigen Burghof die Überreste eines gewaltigen Wohnturms (Donjon) gefunden, der an der Basis 18 × 14 m groß war und an die 30 m hoch gewesen sein muß. Im 14. Jahrhundert erfolgte dann die Erweiterung der Anlage. Leider blieb auch aus dieser Periode nicht viel erhalten: außer der schon erwähnten Kapelle ein halbrunder, im 16. Jahrhundert umgebauter gotischer Turm sowie mehrere Tore, darunter der von zwei Türmen flankierte Hauptzugang mit der alten Steinbrücke über den Burggraben. Alles andere wurde bei kriegerischen Auseinandersetzungen nach und nach zerstört und später in verändertem Stil wieder aufgebaut, wie z. B. das den Innenhof abschließende Barockgebäude, das vermutlich von Sigmund oder Paul Mungenast stammt. Beide Tiroler Baumeister waren maßgeblich am Neubau der nahen Echternacher Abtei beteiligt. Besonders schlimm waren die 1682 von den Franzosen angerichteten Schäden an der Nordostseite der Burgkapelle. Der kostbare Altar des Trierer Bildhauers Johann Manternach (1634) blieb zwar unversehrt; er mußte jedoch später evakuiert und in der spätbarocken Pfarrkirche von **Junglinster** aufgestellt werden. Im Chor des Gotteshauses befinden sich außerdem sieben wertvolle Epitaphe des 16. Jahrhunderts (Abb. 48, 51). Sie stammen aus der Übergangsperiode von der Gotik zur Renaissance. Besonders hervorzuheben sind die Gedenktafeln von Bernard und Claude d'Orley sowie Françoise de Boland. Ihre geradezu verschwenderische Verzierung mit verschiedenen Wappeninsignien deutet auf rheinische und Trierer Einflüsse hin.

Eischtal und Umgebung

Das Flüßchen Eisch entspringt bei Clémency, nahe der luxemburgisch-belgischen Grenze, und mündet in Mersch in die Alzette. Der tief eingeschnittene, windungsreiche Abschnitt zwischen Eischen und Mersch, landschaftlich eine der reizvollsten Gegenden Luxemburgs, wird häufig als »Tal der sieben Schlösser« bezeichnet, weil sich hier und in nächster Nähe auf einer Strecke von 25 km sieben Burgen und Schlösser aneinanderreihen: an der Eischmündung Burg Mersch, flußaufwärts der Reihe nach gefolgt von Burg Hollenfels, Kloster Marienthal, Schloß und Burg Ansembourg, Burg Septfontaines sowie der Grevenburg in Koerich, letztere in einem kleinen Seitental der Eisch.

Mersch (4000 Einwohner) ist eine der größten und gleichzeitig auch eine der ältesten Siedlungen Luxemburgs. Am Zusammenfluß von Alzette, Eisch und Mamer trafen drei Römerstraßen aufeinander, so daß diese Stelle als Standort einer Siedlung geradezu prädestiniert war.

In einem Neubaugebiet hinter der klassizistischen Kirche wurden die

Überreste einer großen römischen Villa *(Villa Marisca)* aus dem 1. Jahrhundert gefunden. Die gut erhaltene Fußbodenheizung (Hypokaustanlage) wurde ausgezeichnet restauriert und bildet heute das wichtigste Ausstellungsstück eines kleinen Museums, das an Ort und Stelle errichtet wurde. Hinter dem Museumsneubau befindet sich eine 65 m lange und 6,50 m breite Vertiefung, Rest eines prachtvollen Wasserzierbeckens, das vom Wohlstand des einstigen Villenbesitzers zeugt. Weitere archäologische Stätten aus der gallo-römischen Epoche befinden sich in der näheren Umgebung der Stadt.

Hoch über dem linken Ufer der Alzette, oberhalb der Ortschaft **Steinsel,** stehen mitten im Wald die teilweise rekonstruierten Reste eines römischen Tempels (Abb. 57) aus dem 1. Jahrhundert. Ein heiliger Bezirk und mehrere Gebäude umgaben den Umgangstempel, wie man bei Ausgrabungsarbeiten feststellen konnte. Die Ausgrabungsstätte ist nicht leicht zu finden, da im Ort keinerlei Schilder auf sie hinweisen. Man muß durch das Dorf hindurch fahren, geradeaus und steil bergauf an der Kirche vorbei in den Wald. Am Ende einer ebenen Lichtung beginnt rechts der Straße der Fußweg, auf dem man zum etwa 300 m entfernten Tempel gelangt.

Leicht zu verfehlen ist auch der ebenfalls im Wald versteckte römische **Grabhügel bei Bill** (Abb. 55), nahe Grevenknapp. Wenn man von Grevenknapp in Richtung Bœvange fährt, steht unmittelbar vor dem Weiler namens Bill links der Straße ein Hinweisschild im Wald. Es empfiehlt sich langsam zu fahren, da man sonst Gefahr läuft, den Hinweis zu übersehen. Der Tumulus von Bill-Grevenknapp ist der einzige römische Grabhügel Luxemburgs, der wissenschaftlich untersucht worden ist. Grabbeigaben ermöglichten eine Datierung ins 3. Jahrhundert. Das Hauptgrab befand sich in einem eingebauten, von außen sichtbaren Grabaltar. Der aufgeschüttete Erdhügel ist mit einer kreisrunden Ringmauer eingefaßt, deren Durchmesser 24 m beträgt.

St.-Michaels-Turm zu Mersch, 1901. Federzeichnung von Michel Engels. Luxemburg, Bibliothèque Nationale

Nach diesem kurzen Exkurs in die Römerzeit wenden wir uns noch der Burg von Mersch zu, einer auf flachem Gelände im Tal erbauten Anlage mit fast quadratischem, regelmäßigem Grundriß von annähernd 44 × 44 m. Der Eingang befindet sich gegenüber dem Turm der ehemaligen Pfarrkirche St. Michael, die 1851 zerstört wurde. Erstmals urkundlich erwähnt wird die Burg erst im Jahr 1232. Damals war bereits von einem Turm die Rede. Es muß sich um den später stark veränderten, aber heute noch erhaltenen donjon gehandelt haben, von dessen überkragendem vierten Obergeschoß in etwa 20 m Höhe man die gesamte Umgebung überblicken konnte. Im 14. Jahrhundert wurde der Befestigungsgürtel vergrößert und durch wehrhafte Rundtürme sowie einen 11 m breiten Graben ergänzt, der im Fall eines feindlichen Angriffs mit Wasser gefüllt werden konnte. Nach gründlicher Zerstörung durch die Truppen Philipps des Guten (1453) wurde die Anlage erst 1585 wiederaufgebaut. Der Bergfried erhielt seine schönen Renaissancefenster. Aber bereits 1635 wurde Schloß Mersch wieder ein Raub der Flammen. Schwedische Truppen waren dieses Mal die Übeltäter. Im 18. Jahrhundert wurde der Wohnturm noch einmal restauriert. Die dabei beseitigten Renaissancefenster stellte man bei einer gründlichen Sanierung des Bauwerks in den siebziger Jahren unseres Jahrhunderts wieder her.

Hollenfels, 9 km eischaufwärts von Mersch hoch über dem linken Ufer des Flusses im Wald gelegen, ist neben Vianden die wohl bekannteste Burg des Landes (Farbabb. 23). Wer in Vianden gewesen ist und mit der Erwartung nach Hollenfels fährt, hier ein ähnlich gigantisches Zeugnis mittelalterlicher Festungsarchitektur zu sehen zu bekommen, wird sich allerdings im ersten Augenblick der Enttäuschung nicht erwehren können. Die Anlage besteht zum größten Teil lediglich aus dem neuen, 1729 begonnenen Wohntrakt, der 1921 zu allem Überfluß noch unverkennbar neo-barocke Umbauten über sich ergehen lassen mußte. Hier ist seit 1948 eine Jugendherberge untergebracht. Die einzigen mittelalterlichen Restbestände sind zwei Türme: ein kleinerer Rundturm und ein annähernd quadratischer Bergfried. Letzterer ist allerdings bei genauerer Betrachtung in der Tat geeignet, den besonderen Ruf von Hollenfels zu rechtfertigen, denn ein in seiner Bausubstanz so ausgezeichnet erhaltener mittelalterlicher Donjon ist eine ausgesprochene Rarität. In Luxemburg gibt es nur noch einen weiteren Wohnturm, der sich mit ihm messen kann. Er steht in *Schoenfels* (Abb. 65) im benachbarten Mamertal. Der Donjon des großherzoglichen Residenzschlosses in *Berg-sur-Attert,* von seiner Größe her (65 m) mit weitem Abstand an erster Stelle, kann hier nicht mitgezählt werden, denn es handelt sich um ein Bauwerk von 1911.

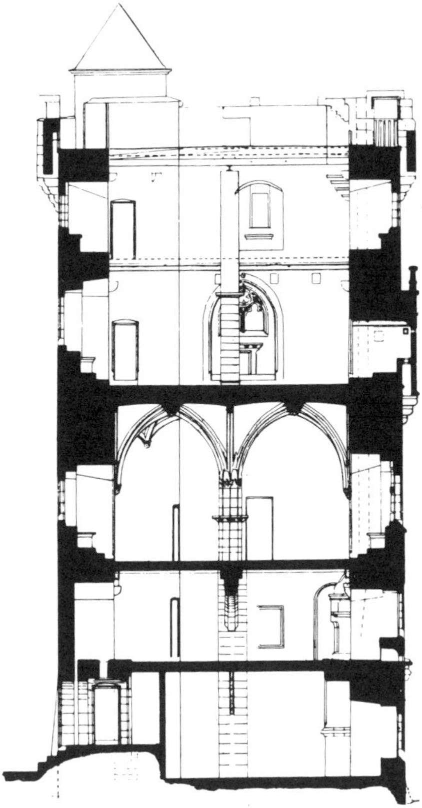

Aufriß des Donjon von Burg Hollenfels (nach M. Robert Leer)

Erstmals urkundlich erwähnt wird Hollenfels 1129. Man nimmt jedoch an, daß eine Burg schon wesentlich früher existiert hat. Von dieser Anlage ist, abgesehen von einigen in den heutigen Donjon einbezogenen Mauerresten, nichts erhalten geblieben. 1380 wurde Burg Hollenfels neu aufgebaut. Vermutlich war sie zuvor bei kriegerischen Auseinandersetzungen zerstört worden. Wie auch immer: Man folgte beim Wiederaufbau jedenfalls nicht dem im Hochmittelalter allgemein üblichen Prinzip der Trennung von Wohn- und Wehrfunktionen, wie wir es geradezu mustergültig in Vianden beobachten können, sondern man vertraute nach wie vor der aus der romanischen Epoche herübergeretteten Konzeption der Kombination beider Burgfunktionen unter einem Dach. Offenbar ging man davon aus, daß es im Verteidigungsfall einfacher sei, eine auf ein Minimum konzentrierte Fläche erfolgreich gegen den Feind zu behaupten, als sich an mehreren Punkten gleichzeitig zur Wehr setzen zu müssen. Diese ›Philosophie‹, die aus militärischer Sicht eigentlich ein Rückschritt war, weil sie die von der gotischen Festungsbaukunst eingebrachten wehrtechnischen Verbesserungen außer acht ließ, machte in der näheren Umgebung von Hollenfels trotz allem Schule, wie der schon erwähnte Bergfried von Schoenfels beweist.

Die Dimensionen des Donjon von Hollenfels sind beeindruckend. Der Turm besitzt eine Grundfläche von 14 × 12,15 m, und seine Gesamthöhe beträgt fast 40 m. Die zum Schutz gegen das Anlegen von Sturmleitern weit vorkragende, zinnenbewehrte Verteidigungsplattform befindet sich in der vierten Etage, in einer Höhe von rund 20 m. 3 m darüber liegt die gewaltige, 16,20 m hohe Dachkonstruktion dem Mauerwerk auf. Sie wurde 1973 origi-

Burg Hollenfels, 1856. Holzstich von G. Vanderhecht, veröffentlicht im *Magasin pittoresque,* Paris 1856. Luxemburg, Bibliothèque Nationale

nalgetreu rekonstruiert, um die Bausubstanz vor dem Verfall zu bewahren. Die einzelnen Stockwerke sind durch Wendeltreppen in den Turmecken miteinander verbunden. In der Turmmitte stehen rundliche Pfeiler stockwerkweise übereinander. Sie reichen bis in die dritte Etage hinauf und tragen die Gewölbe und die Fußböden der einzelnen Geschosse. Besonders sehenswert im Innern sind der 1975 bis 1976 restaurierte Große Saal im zweiten Stock und die darüberliegende Burgkapelle, deren Chor bis in die vierte Etage hinaufreicht. Die gotischen Gewölbe wirken vergleichsweise massig und schwer, ohne jedoch klobig auszusehen. Diese unübliche Konstruktionsweise war aus Sicherheitsgründen notwendig, um den Zwischendecken bei feindlichem Beschuß genügend Tragfestigkeit zu verleihen.

Zu Füßen von Burg Hollenfels steht die Gebäudegruppe des **Klosters Ma-**

rienthal (Abb. 63), idyllisch im Eischtal gelegen. Hier befand sich ursprünglich ein 1232 von Thierry de Mersch gestiftetes Nonnenkloster des Dominikanerordens, von dem noch Überreste zu sehen sind: die alte Klostermauer und ein mittelalterlicher Turmstumpf. Außerdem steht noch ein Gebäude aus dem 18. Jahrhundert. Ein jüngeres Kloster, 1890 erbaut, gehörte den Pères Blancs d'Afrique, die hier eine Missionsschule betrieben.

Nicht weit eischaufwärts folgt **Schloß Ansembourg** (Farbabb. 24, Abb. 64), überragt von der hoch oben am Rand der Hochfläche stehenden **Burg Ansembourg** (Farbabb. 22). Die Burg stammt vermutlich aus der Mitte des 12. Jahrhunderts. Im 14. und 15. Jahrhundert wurde sie erweitert. Ab dem 17. Jahrhundert war die Anlage dann unbewohnt und dem Verfall preisgegeben, bis im Jahr 1747 ein Teil der Gebäude wiederaufgebaut wurde. In jüngster Zeit baute Gaston d'Ansembourg, ebenfalls Besitzer des Schlosses, die Ruine in eine moderne Wohnung um.

Der Verfall der alten Burg im 17. Jahrhundert wurde durch Thomas Bidart, den Burgherrn, persönlich eingeleitet. Ihm war der Wohnraum in dem mittelalterlichen Gemäuer zu eng. Er zog 1628 mit seiner Familie zunächst nach Hollenfels, bis 1639 endlich das neue Ansembourger Schloß seiner Vollendung entgegenging: der heutige Mittelbau, umgeben von Mauern und zahlreichen Türmen, von denen noch zwei entlang der Straße stehengeblieben sind. 1719 kamen schließlich die beiden Seitenflügel hinzu, zusammen mit dem barocken Giebel und den zwei flankierenden Türmen an der Gartenseite des Mittelbaus. Das hübsche barocke Einfahrtstor ließ Graf Lambert-Joseph d'Ansembourg 1750 errichten. Er vergab auch den Auftrag zur Gestaltung der schönen Terrassengärten in französischem Stil, die man von der Freitreppe an der Gebäuderückseite überblickt.

Die nächste mittelalterliche Burg steht auf einem Hangsporn über der hübschen Ortschaft **Septfontaines** die schon in merowingischer Zeit existierte. Die Burg wurde gegen Ende des 11. Jahrhunderts gegründet. Sie überwachte das Eischtal an jener Stelle, wo seit der Römerzeit eine aus Arlon durch den Arelgrund kommende Straße den Fluß überquerte. Der ältere Teil der Burg liegt, von der Kirche aus gesehen, links des großen Rundturms in etwas erhöhter Position. Der Turm selbst und die rechts anschließenden gotischen Gebäude wurden um 1400 hinzugefügt. Nach einem Brand im Jahr 1779 überließ man die Ruinen etwa 180 Jahre lang dem Verfall. Seit 1957 wurde ein Teil der Anlage wiederaufgebaut.

Besonders sehenswert ist die hübsche **Pfarrkirche** des Dorfes (Abb. 66), ein ausgezeichnet restauriertes Beispiel des Übergangsstils von der Romanik zur Gotik, wie er auch in Lothringen und Burgund auf dem Land häufig anzutref-

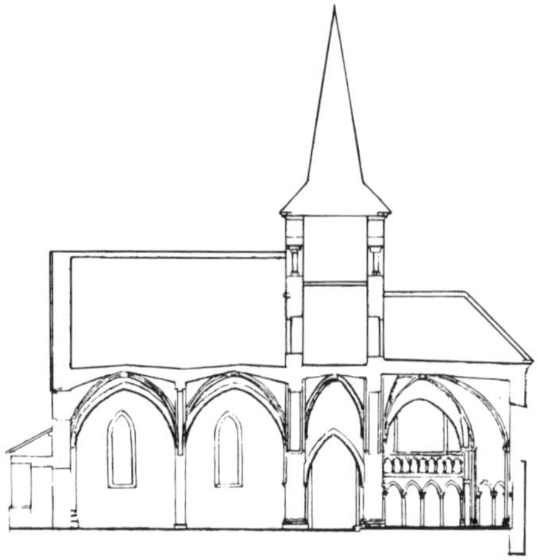

Aufriß der Pfarrkirche von Septfontaines (nach M. Robert Leer)

fen ist. Ein viereckiger romanischer Turm erhebt sich an zentraler Stelle, genau über dem ersten Pfeilerzwischenraum des Mittelschiffs, dort, wo sich bei größeren Kirchen üblicherweise die Vierung befindet. Die beiden Seitenschiffe werden in ihrer Längsachse durch eine Apsis abgeschlossen. Dieses Grundrißschema entspricht dem Bauplan der romanischen Basilika. Gotisch dagegen sind die spitzbogigen Fenster und Gewölbe. Die Kirche wurde 1316 von Thomas de Septfontaines, einem Freund Kaiser Heinrichs VII., erbaut. Zu Beginn des 16. Jahrhunderts wurden die Apsis und der erste Pfeilerzwischenraum des nördlichen Seitenschiffs abgerissen, weil man im Innenraum des Gotteshauses mehr Platz für die Burgherren und ihre Familie benötigte. Es entstand ein allen Gesetzen der Symmetrie zuwiderlaufender Anbau, in dem heute die bekannte Grablegung Christi steht: Eine lebensgroße Figurengruppe vor dem aufgebahrten Leichnam des Herrn (Abb. 67). Die Grablegung stand ursprünglich in einer nahegelegenen Klause. Nach dem Tod des letzten Einsiedlers (1811) wurde die Figurengruppe in der Kirche aufgestellt, um sie vor dem Verfall zu bewahren. Fehlendes Archivmaterial läßt leider keine genaueren Schlüsse über die Herkunft des Werkes zu, aber es ist anzunehmen, daß es aus einer Provinzschule stammt. Die Offenherzigkeit der Gesichter deutet bereits das allmählich aufkommende neue Lebensgefühl der Renaissance an, welches in der ersten Hälfte des 16. Jahrhunderts auch auf Luxemburg übergriff.

Das **Grevenschloß** von **Koerich** steht nicht im Eischtal selbst, sondern an einem kleinen Seitenbach, der 2 km weiter unterhalb ins Tal der sieben Schlösser einmündet. Es gehört zu den 32 Anlagen des Landes, die in Tallage erbaut wurden. Als Besonderheit kommt hinzu, daß keinerlei strategische Gründe bei der Wahl des Standorts eine Rolle gespielt haben – außer demjenigen, im Fall feindlicher Übergriffe genügend Wasser zur Verfügung zu haben, um die Gräben schnell füllen zu können. Das Bauwerk war ausschließlich als Herrschaftssitz konzipiert. Ältester Teil der Anlage ist der wuchtige viereckige Donjon, dessen Ruine noch heute die einstigen Dimensionen des

Turms deutlich erkennen lassen. Er wurde 1303 von Wirich I. errichtet. Gut 50 Jahre später, um 1356, entstanden die beiden gotischen Wohnflügel mit den zwei rechteckigen Türmen an der Südseite. In dem noch gut erhaltenen Exemplar befand sich die Schloßkapelle. 1585 schließlich wurde der westliche Wohnflügel umgebaut. Er erhielt Renaissancefenster. Seit der Mitte des 18. Jahrhunderts wurde kaum noch etwas zur Erhaltung des mächtigen Bauwerks getan, so daß es bereits im Laufe des 19. Jahrhunderts unbewohnbar wurde. Nach dem Zweiten Weltkrieg wurden größte Anstrengungen unternommen, um zumindest die Erhaltung der eindrucksvollen Ruine sicherzustellen.

Bekannter noch als die Schloßruine ist die barocke **Dekanatskirche** St. Remigius (Abb. 68), die sich auf einem Hügel über dem Bachtal inmitten des Friedhofs erhebt. Eine Treppe mit 48 Stufen führt von der Ruine des Schlosses zu ihr hinauf. Sie gilt – vielleicht zusammen mit der Kirche von Troisvierges – als schönstes barockes Gotteshaus in Luxemburg. Ein Blick in den zwar nicht gerade überladenen, aber doch prunkvoll wirkenden Innenraum kann dies nur bestätigen (Farbabb. 26).

So ungewöhnlich eine so schöne Barockkirche in Luxemburg auch sein mag: Noch ungewöhnlicher war die Art und Weise, wie ihre Erbauung ermöglicht wurde. Zuerst stand an derselben Stelle ein mittelalterliches Gotteshaus. Es wurde 1610 mit Ausnahme des Turmes abgetragen und durch eine Renaissancekirche ersetzt. 1727 schließlich baute man auch noch einen neuen Turm im gleichen Stil. Aber nur 18 Jahre später (1745) war das Kirchenschiff bereits baufällig geworden. Der damalige Pfarrer Noengels, ein wohlhabender Mann, ließ daraufhin das erst 135 Jahre alte Bauwerk abreißen und stiftete der Gemeinde auf eigene Kosten die heutige Barockkirche, in die der frühere Renaissanceturm einbezogen wurde. Der Architekt namens Baraquin stammte wahrscheinlich aus Tirol. Nach dreijähriger Bauzeit konnte das neue Gotteshaus geweiht werden. Der etwas zu klein wirkende Turm erhielt 1791 seinen Zwiebelhelm.

Blickfang im Innenraum ist der dreiteilige, aus Eichenholz geschnitzte Hauptaltar, ein figurenreiches Kunstwerk aus der Übergangsphase vom Barock zum Rokoko, das der Kirchenvorstand 1755 erwarb. Beachtenswerte Holzarbeiten sind auch die Beichtstühle und das Lesepult. Kostbarstes Detail der Inneneinrichtung ist jedoch die spätgotische Pietà am Kircheneingang (Abb. 69), das Werk einer Provinzschule zwar, künstlerisch jedoch von höchstem Wert. Das Kunstwerk ist aus der alten Pfarrkirche übernommen worden.

Goeblange, östlicher Nachbarort von Koerich, ist bekannt geworden wegen seiner gallo-römischen *Villa Miécher,* deren Grundmauern bei Ausgrabungsarbeiten freigelegt und restauriert worden sind (s. S. 30). Die mitten im Wald gelegene Ausgrabungsstätte ist nur zu Fuß erreichbar. Den Wagen muß man auf einem Parkplatz rechts an der Straße Goeblange – Septfontaines stehen lassen, weit außerhalb der Ortschaft. Ein nur schwer zu erkennender Wegweiser macht auf den Beginn des Fußweges aufmerksam. Es empfiehlt sich deshalb, langsam zu fahren. Vom Parkplatz sind es noch etwa 10–15 Minuten zu Fuß bis zur Römervilla. Als Gutshof gehörte die Ansiedlung zum Typus *villa rustica;* ein Mittelbau mit vorgelagerter Säulenfassade also, die von zwei Seitenrisaliten flankiert war. In unmittelbarer Nähe des Haupthauses wurden noch die Fundamente eines Gesindehauses freigelegt.

Ebenfalls interessante Reste aus der Römerzeit gibt es in **Mamer** zu besichtigen, keine 6 km von Goeblange entfernt. Am östlichen Ortsausgang (Richtung Luxemburg) befindet sich nördlich der E 4 ein Klärwerk. Vom dortigen Parkplatz kann man in einer kleinen Grünanlage bereits die zum Teil überdachte archäologische Stätte erkennen. Leider wurde ein großer Teil der Wohnhäuser durch den Bau der neuen Europastraße zerstört. Erhalten blieb die fachmännisch restaurierte öffentliche Badeanlage, deren Heizungsanlage man hier an Ort und Stelle studieren kann. Die genaue Funktion ist auf einer Erläuterungstafel beschrieben.

Geschichtsträchtigen Boden betreten wir in **Bertrange,** wo sich zwei Römerstraßen kreuzten: eine lokale Nord-Süd-Verbindung und der Weg von Trier zum Titelberg. Daß an dieser Stelle ein römisches Kastell gestanden hat, ist ziemlich wahrscheinlich. Sicher ist, daß an der alten Wegekreuzung bereits um 700 eine durch Wassergräben geschützte einfache fränkische Burg – vermutlich aus Holz – gestanden hat, zusammen mit der Kirche, die einem fränkischen Adligen gehörte. Die Pfarrei wird 983 erstmals urkundlich erwähnt. Die fränkische Wehranlage wurde 1171 von Heinrich IV. von Luxemburg zerstört, kurz darauf jedoch wiederaufgebaut. So vermutet man jedenfalls, da Johann der Blinde Burg und Ländereien von Bertrange im Jahr 1311 seiner Tochter vermachte.

Das 8,70 × 7,50 m große Gebäude hatte bis 1582 Bestand. Damals war es jedoch derartig baufällig, daß man sich zu einem Neubau unter Einbeziehung alter Baureste entschloß. Teile dieses Gebäudes sind im *Alten Schloß,* dem heutigen Rathaus, noch deutlich zu erkennen, unter anderem der runde Turmvorbau neben dem Eingang. Der größte Teil des Alten Schlosses stammt jedoch aus der Zeit von 1710 bis 1740, denn der Bau von 1582 wurde bereits 1593 oder 1602 von holländischen Truppen niedergebrannt und mußte fast gänzlich abgerissen werden.

300 m nördlich des Alten Schlosses steht das *Neue Schloß* (Abb. 70). Mit dem Bau wurde um 1780 begonnen, und zwar von Baron J.-Philippe d'Hu-

art. Durch Heirat war er zuvor in den Besitz eines Teils des unter mehreren Erben aufgeteilten Alten Schlosses und dessen Nebengebäuden gekommen. Kurz vor der Jahrhundertwende war das neue Herrenhaus vollendet. Die Fassade des dreigeschossigen Hauptbaus wirkt ausgesprochen schlicht und nüchtern; dies, obwohl es sich um den ansonsten sehr prunkvollen und verspielt wirkenden Stil Ludwigs XVI. handelt. Colnet d'Huart, einer der letzten Erben des Neuen Schlosses, vermachte seinen Anteil 1945 testamentarisch dem Roten Kreuz mit der Auflage, hier ein Kinderheim einzurichten. Den noch fehlenden Teil des Besitzes kaufte das Rote Kreuz 1948 hinzu.

Vom Moseltal ins Industrierevier

Wenn von den Landschaften Luxemburgs die Rede ist, werden meistens nur zwei Namen genannt: Ösling und Gutland. Daneben aber verdienen auch noch zwei Randgebiete des Landes als eigenständige Raumeinheiten unser Augenmerk, wenngleich sie nur sehr schmale Streifen im luxemburgischen Grenzgebiet bilden. Da ist zum einen das tief in die Hochfläche des Gutlands eingeschnittene, im Querprofil kastenförmig aussehende Moseltal zwischen Wasserbillig im Norden und Schengen im Süden, das die Ostgrenze Luxemburgs zur Bundesrepublik Deutschland bildet. Die Südgrenze – gegen Frankreich – begleitet dagegen das langgestreckte luxemburgische Schwerindustriegebiet, dessen rauchgeschwärzte Städte zwischen Dudelange und Pétange wie an einer Schnur aufgereiht sind.

Beide ›Sondergebiete‹ beziehen ihre Besonderheit aus natürlichen Gegebenheiten: Das Moseltal verdankt den intensiven Weinbau dem besonders milden Klima, das im windgeschützten Taleinschnitt an den der Sonne zugekehrten Steilhängen herrscht, und die Schwerindustrie fußte ursprünglich auf den bedeutenden Dogger-Eisenerzvorkommen, die unter dem Begriff »Minette« über die Grenzen des Landes hinaus bekannt geworden sind.

Wasserbillig, ein lebhaftes Grenzstädtchen an der Straße Trier–Luxemburg, verdankt viel von seiner heutigen Bedeutung als Industriestadt und vielbesuchter Fremdenverkehrsort der verkehrsgünstigen Lage an der Mündung der Sauer in die Mosel. Aber nicht nur die heutige Stellung der Stadt, sondern auch ihr geschichtlicher Werdegang war auf das engste mit den beiden Flüssen verbunden. Mosel und Sauer wurden schon von den Römern als Schiffahrtswege benutzt. Kein Wunder also, daß am Zusammentreffen beider Verkehrslinien bereits im 1. Jahrhundert n. Chr. eine Siedlung namens *Biliacum* entstand, die sich von einer anfänglich rein militärischen Niederlassung im Schutz eines Kastells rasch zu einem Hafen- und Warenumschlagsort entwickelte. Zusätzlich begünstigend auf den Handel wirkte sich außerdem der Bau einer festen Sauerbrücke aus, deren Pfeilergründungen man in den sechziger Jahren beim Bau der neuen Straßenbrücke entdeckte. Sie wurde von der Römerstraße Metz–Trier benutzt, einem der bedeutendsten Verkehrswege in Gallien.

Sehenswerte Reste eines **römischen Gemeinschaftsgrabes** mitsamt einer Umfassungsmauer aus dem 1. Jahrhundert n. Chr. und die Fundamente eines Grabdenkmals aus dem 2. Jahrhundert befinden sich in nächster Nähe der Stadt, und zwar oben auf der Hochfläche des Gutlands, die bei Wasserbillig steil zum Moseltal abfällt. Diese abseitige Lage der Fundstätte ist charakteristisch, denn die Römer legten die Gräber ihrer Toten stets in einiger Entfernung von Siedlungen an, meistens entlang einer Straße. So auch in diesem Fall, denn an dem Gräberfeld führte die Römerstraße Trier-Altrier vorbei.

Die archäologische Stätte ist für Ortsunkundige nicht leicht zu finden, da in Wasserbillig keine Hinweisschilder angebracht sind. Man muß vom Zentrum aus nach Westen auf den Steilhang des Moseltals zufahren. Das schmale Sträßchen führt in Richtung Lellig. Nach etwa 4–5 km steht rechts am Waldrand ein kleiner Wegweiser, der auf den Fußweg zu den »monuments romains« aufmerksam macht. Von dort sind es noch ungefähr 10 Minuten zu Fuß. Wenn man an der Weggabelung dann rechts weitergeht, kommt man zu dem ummauerten Grabgarten, in dem noch einige steinerne Grabplatten zu erkennen sind. Der linke Weg führt zum Fundament des Grabdenkmals. Gemessen an der Größe von 5,40 × 4,00 m muß der pfeilerförmige Oberbau etwa 15 m hoch gewesen sein. Er war vermutlich mit Reliefs verziert, die Szenen aus der Mythologie und aus dem täglichen Leben widergaben.

Grevenmacher, Zentrum des luxemburgischen Weinbaus und einer der malerischsten Winzerorte des Landes, erhielt 1252 Stadtrechte. Von der einstigen Stadtbefestigung, die den alten Fachwerkort vor feindlichen Angriffen schützte, sind noch einige Türme und Mauerreste erhalten. Auf der Höhe oberhalb der heutigen Stadt führte – unter Umgehung des windungsreichen Moseltals – die Römerstraße Metz-Trier vorbei, die bei Wasserbillig die Sauer überquerte. Direkt neben diesem viel benutzten Verkehrsweg, am Grevenmacherberg, stand ein gewaltiges römisches Grabdenkmal (2. Jahrhundert) mit angeschlossenen Gemeinschaftsgräbern, dessen Fundamente freigelegt wurden. Das Denkmal konnte anhand der Ausgrabungsbefunde rekonstruiert werden. Mehrere der zahlreichen Steinskulpturen, die das Monument schmückten, stehen heute im Staatsmuseum Luxemburg. Gipsabgüsse der am besten erhaltenen Stücke können an Ort und Stelle besichtigt werden (Abb. 59). Man findet das Denkmal am einfachsten, wenn man von Grevenmacher auf der Nationalstraße 1 in Richtung Luxemburg fährt. Nach etwa 3 km, in der kleinen Ortschaft Potaschberg, geht es vor der Tankstelle links ab in einen schmalen Fahrweg. Ein Schild weist auf das römische Monument hin.

Bei **Stadtbredimus** befand sich der älteste bis heute bekannt gewordene Moselübergang (s. S. 33), schon 100 Jahre vor der Eroberung Galliens durch die Römer. Die Brücke diente einem gallischen Fernweg, der vom Titelberg über den heutigen Ort Dalheim an den Fluß führte und bei Stadtbredimus die Mosel überquerte. Eine zweite Brücke wurde von den Römern erbaut, und zwar schon 14 Jahre vor der ältesten Trierer Brücke! Auf ihr überquerte ein zweiter Strang der Römerstraße Metz-Trier, die sich bei Dalheim gabelt, die Mosel.

Der kleine Ort **Lenningen,** oberhalb der Mosel zwischen Wormeldange (Farbabb. 40) und Stadtbredimus gelegen, besitzt eine der wenigen romanischen Kirchen des Landes, die außerhalb Echternachs erhalten geblieben sind (Abb. 71). Der Grund für das Verschwinden der meisten alten Gotteshäuser war vermutlich ihre geringe Größe, die in späteren Zeiten meistens nicht mehr ausreichte, um allen Gläubigen der stark angewachsenen Bevölkerung Platz zu gewähren. Die Lenninger Pfarrkirche wird 967 erstmals urkundlich erwähnt. Zahlreiche Umbauten im Lauf der Jahrhunderte machen es heute jedoch schwierig, alle tatsächlich romanischen Bauteile mit Sicherheit zu bestimmen – mit Ausnahme der Mauern in den Seitenschiffen und der Säulen, die die Arkaden des Hauptschiffs mit der hervorragend restaurierten Holzbalkendecke aus dem 10./11. Jahrhundert tragen.

Ein hübsches Winzerstädtchen im Moseltal ist **Remich** (Abb. 73/74), ein im Sommer von vorwiegend deutschen Touristen geradezu überlaufener Fremdenverkehrsort mit luxemburgisch-deutschem Grenzübergang. Von der mittelalterlichen Stadtbefestigung ist die malerische *Porte St-Nicolas* erhalten geblieben, die den Weg von der engen Altstadt zur Moselpromenade mit dem Schiffsanleger freigibt. Interessant ist die Dekanatskirche von 1817, ein ›Nachzügler‹ des Barock mit integriertem romanischem Turm, der auf römischen Fundamenten ruht.

Romanische Kirchtürme sind im Moseltal und auch in den angrenzenden Teilen des Gutlands noch recht häufig anzutreffen. Besonders schöne Exemplare stehen zum Beispiel im Winzerort **Remerschen** an der Mosel und in **Fri-**

sange, einem zwischen der Mosel und dem weiter westlich beginnenden Industrierevier gelegenen Dorf. Die heutige Barockkirche von Remerschen, in die der alte Turm integriert ist, wurde 1766 von der Abtei St. Irmina in Trier erbaut. Nicht weit entfernt, in **Mondorf-Village,** dem alten Ortskern von **Mondorf-les-Bains,** ließ übrigens zur selben Zeit der Abt der Echternacher Abtei eine Kirche bauen, ebenfalls in prachtvollem Barock. Bemerkenswerte Details im schönen Innenraum sind vor allem das Mobiliar im Stil Louis XV. und die qualitätsvollen Fresken.

Die bislang ergiebigsten römischen Ausgrabungen auf luxemburgischem Gebiet finden zur Zeit in **Dalheim** statt. Man wußte bereits seit langem, daß auf dem Plateau namens *Pëtzel,* südlich von Dalheim, einst eine römische Siedlung gestanden hatte, und schon von 1851 bis 1855 sind einige wertvolle Fundstücke ausgegraben worden. Es dauerte jedoch recht lange, bis man endlich Klarheit darüber gewann, um welche Römersiedlung es sich genau handelt und welche Funktion sie einst gehabt hat. Der Grund war ziemlich einfach: Der Name *Ricciacus,* so hieß die römische Siedlung bei Dalheim, ist auf der Peutingerschen Tafel (s. S. 29) rechts der Mosel verzeichnet. Obwohl der Gedanke naheliegt, daß Ricciacus aufgrund eines Übertragungsfehlers wohl versehentlich falsch eingetragen worden ist, kam man erst in unserem Jahrhundert ernsthaft auf diese Idee. Den Beweis, daß der Peutingersche vicus Ricciacus bei Dalheim gestanden hat, erbrachte dann schließlich der Archäologe Vannérus. Er wies auch darauf hin, daß der Name Ricciacus fast unverändert in dem heutigen Flurnamen Ritzig weiterlebt.

Erste systematische Grabungen, jedoch noch ziemlich bescheiden durchgeführt, fanden auf Pëtzel 1977/78 statt. Inzwischen hat das Staatsmuseum Luxemburg dort bedeutende Funde gemacht. Das Gelände wird heute zentimeterweise abgesucht und katalogisiert. Allerdings konnte bisher nur ein kleiner Teil der Römersiedlung freigelegt werden. Die Zone um die einstige Hauptstraße, nur 15 m vom heutigen Grabungsfeld entfernt, bietet noch ein reichliches Betätigungsfeld (Abb. 56).

Für den Besucher steht heute ein Faltblatt zur Verfügung, das Informationen über die bisherigen Grabungsergebnisse gibt. Interessant und empfehlenswert ist es bei den Grabungen zuzusehen. Der Grabungsleiter erteilt meistens gern die Erlaubnis dazu, sofern nicht ganze Omnibusse vor dem Gelände anhalten. Es gibt freilich keine Schilder, die den Weg dorthin weisen, so daß ohnehin nur ›Eingeweihte‹ bis zur Absperrung durchfinden. Wenn man auf der N 13 von Remisch in Richtung Frisange an Dalheim vorbeifährt, zweigt nach einer scharfen Linkskurve links ein kleiner Feldweg ab, der direkt zum Ausgrabungsfeld führt.

In der Nähe von Dalheim lohnen noch zwei Ortschaften einen kurzen

Funde aus Ricciacus: Minerva- und Jupiterstatue (Details). Louvre, Paris

Besuch: **Waldbredimus** (Abb. 75) mit seiner gotischen Dorfkirche (Abb. 76, im Innern ein schön gearbeiteter Christus und ein sehenswertes Steinretabel, beides Werke unbekannter Künstler) und **Weiler-la-Tour,** dessen einsam im Gelände stehender gotischer Rundturm zu den Überresten einer ehemaligen Burg gehört. Er erinnert an einen römischen Wehrturm, der heute längst nicht mehr steht, von dem aber der Ort seinen Namenszusatz hat.

Im Industriegebiet (Abb. 78) gibt es für kunstinteressierte Reisende nicht besonders viel zu sehen: außer dem bescheidenen, ungepflegten Barockschloß von **Bettembourg** (Abb. 79) sowie dem einsam neben einer modernen Häuserfassade stehenden Großen Turm des ehemaligen Schlosses Berwart in **Esch-sur-Alzette** (Abb. 77) vor allem die hübsche Barockkirche in **Mondercange** (Abb. 72), ein Werk des Tiroler Baumeisters Sigmund Mungenast, der maßgeblichen Anteil am Neubau der Echternacher Abtei hatte. Empfehlenswert ist außerdem eine Fahrt zum **Titelberg,** auf dessen Gipfel-

Dorfkirche zu Waldbredimus. Zeichnung, 19. Jh.

plateau sich das bedeutendste keltische oppidum des Luxemburger Raumes befand. Von der einstigen Ringmauer aus dem 1. Jahrhundert v. Chr. (murus gallicus) mit ihrem vorgelagerten Wall – einer Befestigungsbauweise, der die Römer großen Respekt entgegenbrachten – ist im Südosten der Hochfläche noch einiges erhalten geblieben. Die stattlichen Überreste sind auf einer Länge von 3 km auch im Wald noch gut auszumachen. Der Titelberg erhebt sich zwischen den Städten Differdange und Pétange. Von Niedercorn führt eine beschilderte Straße bis nahe an das Gipfelplateau heran. Das letzte Stück, ebenfalls mit Wegweisern versehen, muß man zu Fuß zurücklegen.

Praktische Reisehinweise

Auskünfte

Auskünfte erteilen:
Office National du Tourisme (O.N.T.)
1010 Luxemburg, Postfach 1001, 77, Rue d'Anvers, ✆ 487999.
Luxemburgisches Verkehrsamt
4000 Düsseldorf 1, Kö-Center, Königsallee 30, Postfach 2509; ✆ 326578
oder
6600 Saarbrücken 3, Berliner Promenade, ✆ 135054.

Örtliche Verkehrsvereine (Syndicat d'Initiative) in:
Luxemburg, Place d'Armes, Postfach 181, ✆ 22809. Geöffnet an Wochentagen von 9 bis 13 und von 14 bis 18 Uhr (während der Touristensaison täglich bis 20 Uhr).
Beaufort, Stadthaus, ✆ 68269. Geöffnet von Anfang Juni bis 15. September täglich von 10 bis 12 und von 14 bis 17 Uhr.
Clervaux, im Schloß, ✆ 92072. Geöffnet vom 1. April bis zum 30. September werktags von 10 bis 12 und von 14 bis 17 Uhr (vom 1. Juli bis zum 1. September ebenfalls sonntags).
Diekirch, Place Guillaume, ✆ 803023. Geöffnet an Wochentagen von 9 bis 12 und von 14 bis 18 Uhr (vom 1. Juli bis zum 16. August auch sonntags geöffnet).
Dudelange, Stadtverwaltung, Büro 24, ✆ 516121–28. Geöffnet von montags bis freitags von 7.30 bis 11.30 und von 13.30 bis 16 Uhr.
Echternach, Porte St-Willibrord (Basilika), ✆ 72230. Geöffnet montags bis freitags von 9 bis 12 und von 14 bis 17 Uhr (im Juli und August auch samstags und sonntags geöffnet).
Esch-sur-Alzette, Stadtverwaltung, links im Erdgeschoß, ✆ 547383–245. Geöffnet von montags bis freitags von 7.30 bis 12 und von 13.30 bis 17 Uhr.
Grevenmacher, 32, route de Thionville, ✆ 758275. Geöffnet von montags bis freitags von 8 bis 12 und von 13.30 bis 17 Uhr.
Larochette, Bahnhof, ✆ 87676. Geöffnet während der Saison an den Wochentagen von 14 bis 18 Uhr, sonntags und feiertags von 10 bis 12 Uhr.
Mersch, Stadtverwaltung, ✆ 32523. Geöffnet von montags bis freitags von 8.30 bis 12 und von 14 bis 17 Uhr. Im Juli und August ist täglich ein Büro von 10 bis 12 und von 14 bis 17 Uhr im Michelsturm geöffnet. ✆ 329618.
Mondorf-les-Bains, Avenue Clément, ✆ 67575 oder 68979. Geöffnet wochentags von 9 bis 12 und von 14 bis 18 Uhr. Von Ostern bis September ebenfalls samstags und sonntags von 14 bis 18 Uhr.
Remich, Esplanade (Busbahnhof), ✆ 698488. Geöffnet im Juli und August tägl. von 10.30 bis 12.30 und von 15 bis 19 Uhr.
Vianden, Victor-Hugo-Haus, ✆ 84257. Vom 1. 4. bis 1. 11. täglich von 9.30 bis 12.00 und 14.00 bis 18.00 Uhr geöffnet. Außerhalb der Saison mittwochs geschlossen.

Wiltz, Schloß, ✆ 96199. Geöffnet von montags bis freitags von 9 bis 12 und von 14 bis 18 Uhr, samstags von 14 bis 18 Uhr (vom 15. Juni bis zum 15. August samstags sowie sonntags von 10 bis 12 und von 14.30 bis 18 Uhr).

Grenzübergänge und Anreisemöglichkeiten
Zwischen Luxemburg und der Bundesrepublik Deutschland gibt es insgesamt elf Grenzübergänge, und zwar von Norden nach Süden:
Dasburg – Waldbourg
Roth – Vianden
Wallendorf – Reisdorf
Bollendorf – Bollendorf-Pont
Echternacherbrück – Echternach
Ralingen – Rosport
Wasserbilligerbrück – Wasserbillig
Mariendorf – Grevenmacher
Wincheringen – Wormeldange
Nennig – Remich
Perl – Schengen.
Wichtigste Grenzstationen sind die Übergänge **Echternacherbrück – Echternach** an der Strecke Köln – Luxemburg,
Wasserbilligerbrück – Wasserbillig an der Strecke Trier – Luxemburg und
Nennig – Remich an der Strecke Saarbrükken – Luxemburg.
Hier sind während der Sommermonate häufig längere Wartezeiten in Kauf zu nehmen, so daß es sich empfiehlt, auf einen der kleineren Übergänge auszuweichen. Dort hat man so gut wie immer freie Fahrt.

Vom äußersten Südwesten der Bundesrepublik empfiehlt sich als günstigste Anreiseroute die französische Autobahn **Straßburg – Metz – Thionville.** Die preiswerteste Anreisemöglichkeit nach Luxemburg ist der sogenannte **Europabus,** der dienstags und donnerstags bis sonntags je einmal täglich ab Frankfurt Hbf. Südseite oder ab Flughafen West (Busbahnhof) verkehrt. Die Fahrzeit beträgt etwa fünf Stunden.

Autofahren
Innerhalb von Ortschaften liegt die Geschwindigkeitsbegrenzung bei 60 km/h, außerhalb dürfen 90 km/h nicht überschritten werden. Auf Autobahnen sind 120 km/h erlaubt. Auf Ausnahmen wird aufmerksam gemacht.

In den gekennzeichneten blauen Zonen ist Parken nur mit Scheibe gestattet. Für Behinderte gibt es besondere Parkplätze.

Automobil-Club von Luxemburg
13, route de Longwy
L-8007 Bertrange
Straßendienst: ✆ 311031.

Eisenbahnen und Autobusse
Das Netz der Eisenbahnen und Autobusse ist vorbildlich. Praktisch jede Ortschaft ist mit Bus oder Bahn zu erreichen, insgesamt erstreckt sich das Netz auf mehr als 1400 km.

Bei den Eisenbahnen gibt es zahlreiche Ermäßigungen wie Netzkarten, Rundreiseabonnements, Gesellschaftskarten, Sonn- und Feiertagsrückfahrkarten sowie Seniorenermäßigung.

Rundreisen im Autobus veranstaltet die Luxemburger Eisenbahngesellschaft während der Saison von Luxemburg, Bad Mondorf und Echternach aus.

Auskünfte im Bahnhof Luxemburg, täglich von 7 bis 20 Uhr. ✆ 492424, 4990–572.

Flughafen Luxemburg
6 km nordöstlich der Hauptstadt liegt Lu-

xemburgs Flughafen. Von hier aus starten Chartermaschinen in die Ferienzentren Catania, Korfu, Dubrovnik, Ibiza, Las Palmas, Malaga, Rhodos, Rimini und Tel Aviv.

Regelmäßiger Linienverkehr nach: Amsterdam, Athen, Bastia, Brüssel, Chicago, Detroit, Frankfurt, Genf, Havanna, Johannesburg, Kingston, Kopenhagen, Leningrad, Lima, Lissabon, London, Malaga, Moskau, New York, Nizza, Orlando, Palma, Paris, Reykjavik, Rom, Straßburg, Tunis, Washington und Zürich.

Ein regelmäßiger Autobusverkehr verbindet Flughafen und Hauptbahnhof.

Flugfeld Wiltz

Das Flugfeld liegt 2 km nordwestlich von Wiltz. Jeden Sonntag finden bei gutem Wetter Rundflüge in Sportflugzeugen statt. Auskunft: ✆ 96430

Währung und Geldwechsel

In Luxemburg werden sowohl der Luxemburgische als auch der Belgische Franc als offizielles Zahlungsmittel anerkannt. 1 Luxemburgischer Franc = 1 Belgischer Franc. Die Banken sind von Montag bis Freitag jeweils vormittags und nachmittags geöffnet. Tägliche Öffnungszeiten am Hauptbahnhof und am Flughafen in Luxemburg-Stadt.

Sprache

Luxemburg ist, wenn man so will, ein dreisprachiges Land. Umgangssprache ist *Letzeburgisch*, ein Zweig des Moselfränkischen. Amtssprachen sind dagegen Französisch und Deutsch. Als Deutscher, der des Französischen nicht mächtig ist, kommt man deshalb problemlos zurecht.

Campingplätze

Gut eingerichtete Zeltplätze bestehen im ganzen Land. Die meisten von ihnen sind in drei offizielle Klassen eingeteilt, und auch die Preise sind an bestimmten Richtlinien orientiert, die von der Qualität eines Platzes abhängen. Ein Faltblatt mit genauen Angaben zu sämtlichen Campingplätzen kann über das **Office National du Tourisme** bezogen werden.

Jugendherbergen

Das Großherzogtum verfügt über gut eingerichtete Jugendherbergen in Beaufort, Bourglinster, Echternach, Ettelbruck, Grevenmacher, Hollenfels, Lultzhausen, Luxemburg, Troisvierges, Vianden, Wiltz. Sie sind jeweils nur Tageswanderungen voneinander entfernt und so verteilt, daß man das Land mit Leichtigkeit zu Fuß entdecken kann. Der Benutzer benötigt einen internationalen Jugendherbergsausweis.

Auskünfte: **Luxemburgische Jugendherbergszentrale,** 18, Place d'Armes, 2013 Luxemburg, ✆ 25588.

Wandern in Luxemburg

Luxemburg verfügt über ein Netz von Wanderpfaden, das als das dichteste der Welt gilt. Nachstehend aufgeführte nationale Wanderpfade sind gelb gekennzeichnet:

1. Der Obersauer-Pfad:
   Martelange–Ettelbruck km 57
2. Der Atter-Pfad:
   Martelange–Useldange km 41
3. Der Our-Pfad:
   Ouren–Diekirch km 56
4. Der Pfad der Sieben Schlösser:
   Steinfort–Gaichel–Mersch km 41
5. Der Nord-Pfad:
   Wemperhardt–Kautenbach–Diekirch km 67
6. Der Untersauer-Pfad:
   Wasserbillig–Echternach km 26

7. Der Mosel-Pfad: Wasserbillig–Schengen km 54
8. Der Alzette-Pfad: Dommeldange–Mersch km 18
9. Der Pfad des Pre'tzerdall: Boulaide–Ettelbruck km 30
10. Der Moellerdall-Pfad: Beaufort–Echternach km 13
11. Der Mamer-Pfad: Mamer–Kopfstal–Mersch km 22
12. Der Maurice-Cosyn-Pfad: Diekirch–Beaufort km 13
13. Der Pfad des Obersauer-Sees km 46
14. Der Charles-Mathieu-Pfad: Esch/Sûre–Kautenbach–Vianden km 45
15. Der Victor-Hugo-Pfad: Ettelbruck–Vianden km 18
16. Der Süd-Pfad: Rodange–Bettembourg km 73

Neben diesen Pfaden gibt es noch durch ein weißes Dreieck gekennzeichnete Wanderwege, die von der Luxemburgischen Jugendherbergs-Zentrale unterhalten werden und die einzelnen Jugendherbergen miteinander verbinden.

Nahezu jeden Samstag, Sonntag oder Feiertag finden Volkswanderungen über einen gekennzeichneten Rundwanderweg von 10 bis 40 km statt. Es wird eine Teilnahmegebühr erhoben.

Auskünfte: **Fédération Luxembourgoise des Marches Populaires,** 176, rue de Rollingergrund, 2440 Luxemburg, ✆ 449302.

Viele Verkehrsvereine haben regionale Wanderkarten herausgegeben.

Sport

Alle in Deutschland üblichen Sportarten können Sie natürlich auch in Luxemburg betreiben:

Golf

Ein Golf-Platz mit 18 Löchern ist 7 km von der Hauptstadt entfernt:

Golf-Club Grand-Ducal de Luxembourg
Senningerberg, Luxemburg. ✆ 34090

Reiten

Es gibt mehrere Reitschulen im Lande, die auch Touren auf Pferderücken durchführen, zum Beispiel die »Tour von Luxemburg« und die »Tour der 7 Schlösser«.

Auskünfte über:

Fédération Luxembourgeoise des Sports Equestres
9, rue du Fort Elisabeth, Luxemburg.

Nachstehend einige Anschriften von Reitschulen:

Reitschule »Fetschenhaff« in Luxemburg-Fetschenhof, ✆ 434204.
Reitschule »St-Georges« in Luxemburg-Reckenthal, ✆ 318843.
Reitschule Lallemand in Sanem, ✆ 591402.
Reitschule Franziskus in Stegen, ✆ 83888.
Reitschule »An der Klaischen« in Beaufort, ✆ 86082.
Reitschule »Höhenhof« in Luxemburg-Findel, ✆ 348456.
Reitschule »Wilwerwiltz« in Wilwerwiltz, ✆ 91415.
Pferdevermietung »C-Ranch« in Larochette, ✆ 87026.
Pferdevermietung »L'Etrier« in Elvange (3 km von Bad Mondorf), ✆ 60555, 60416.

Segelflug

Dieses malerische Land aus dem Segelflugzeug zu betrachten, muß ein besonderes Vergnügen sein. Das einzige Segelflugzentrum mit Flugschule in Luxemburg liegt auf einem Plateau bei Useldange, unterhalten vom **Cercle Luxembourgois de Vol à Voile,** ✆ 85682.

Flugbetrieb an allen Wochenenden und Feiertagen zwischen dem 1. Mai und Ende Oktober.

Tennis und Squash
Alle größeren Orte verfügen über Tennisplätze. Angaben in den regionalen Prospekten. Auskünfte: Institut National des Sports, 2630 Luxemburg, ✆ 431014. Squashmöglichkeiten bestehen in Luxemburg im Squash Club Luxembourgeois, 7, route de Trêves (in der Nähe des Flughafens), Treffabende mittwochs ab 19 Uhr, beim Squash d'Or, ✆ 480140 (an der Ausfahrt der Stadt Luxemburg in Richtung Bettemburg), beim Sud Squash Center, 49, rue Victor Hugo in Esch-sur-Alzette und beim Player's in Foetz.

Wassersport
Das Paddelboot kommt ohne Formalitäten durch den Zoll, wenn es nicht länger ist als 6,50 m. *Paddeln* ist möglich auf den leichten Strecken der Mosel und der unteren Sûre sowie auf dem Wildwasser von Clerve, Wiltz, Our und oberer Sûre.

Auskünfte: **Office National du Tourisme** und bei der **Fédération Luxembourgeoise de Canoë-Kayak,** Postfach 424, Luxemburg, ✆ 432122.

Es gibt *Schwimmbäder* im ganzen Land, die in den Ortsprospekten verzeichnet sind.

Das *Fischen* macht in den Gewässer Luxemburgs noch Spaß. Auch Touristen brauchen einen Erlaubnisschein, der von allen Distriktkommissariaten und Gemeindesekretariaten ausgestellt wird.

Auskünfte erteilt die **Forstverwaltung,** Postfach 411 in Luxemburg, ✆ 29354.

Die schönsten Landschaften Luxemburgs
Luxemburg ist in erster Linie ein modernes Dienstleistungsland. Nur im Süden besteht ein industrielles Ballungsgebiet, das sich als schmaler Streifen entlang der französischen Grenze erstreckt. Der mit Abstand größte Teil der Staatsfläche ist bis zum heutigen Tag der Land- und Forstwirtschaft vorbehalten, verbunden mit einer für die Mitte Europas ungewöhnlich geringen Bevölkerungsdichte. Sie beträgt im Landesdurchschnitt nur 141 Einwohner je km², ein Wert, den man noch um die darin enthaltenen Anteile der Stadt Luxemburg und der südlichen Industriezone bereinigen müßte, um dem Leser eine präzise Vorstellung geben zu können.

Diese Verhältnisse wirken sich spürbar positiv auf das Bild der Kulturlandschaft aus, und zwar sowohl im abseits gelegenen Ösling, als auch im intensiver bewirtschafteten Gutland. Mit Recht wirbt auch Luxemburg Stadt mit dem Titel »Grünes Herz Europas«. Nördlich der Stadt erstreckt sich ein großes Staatswaldgebiet, einst herzogliches Jagdrevier. Die Ränder der Plateaus des Luxemburger Sandsteins tragen ebenfalls ein dichtes Waldkleid, die tief eingeschnittenen Täler sind daher beliebte Wandergebiete. Der Luxemburger Ardennenanteil hat zwar überwiegend baumlose Hochflächen, aber auch hier sind die Flanken der Kerbtäler mit Eichenwald bestanden. Dies erinnert noch an die alte Waldwirtschaftsform zur Gewinnung von Gerbsäure aus der Eichenrinde. Eine Reise durch Gutland und Ösling ist in der Tat für jeden Naturfreund, der Ruhe und Erholung fernab von städtischem Trubel und Touristenrummel sucht, eine Art Geheimtip. Auf den schmalen Sträßchen begegnet einem nur selten ein Auto, und bei Wanderungen durch die ausgedehnten Öslingwälder ist man völlig allein.

Regen Ausflugsverkehr gibt es in Luxemburg allerdings trotzdem. Er ist jedoch nur auf einige wenige Punkte konzentriert und auch dort nur an den Wochenenden. An erster Stelle zu nennen sind die Hauptstadt Luxemburg sowie Echternach, Vianden und Clervaux. Hinzu kommen aber auch die landschaftlichen Höhepunkte des Landes: die Täler von Ernz Noire (Schwarzer Ernz), Sûre (Sauer), Eisch, Mosel und Our. Landschaftlich ähnlich reizvoll, jedoch weniger stark frequentiert sind die Täler von Wiltz, Attert, Mamer und Ernz Blanche, nur um noch einige bekanntere Namen zu erwähnen. Als beliebte Ausflugsziele gelten auch die beiden größeren Stauseen des Landes: der Sûre-Stausee bei Esch-sur-Sûre, der von Wassersportlern sehr geschätzt wird und der Our-Stausee oberhalb von Vianden mit seinem Pumpspeicherwerk, dessen Besichtigung kostenlos ist.

Die Besonderheit der luxemburgischen Flußtäler ist leicht zu beschreiben: Sie sind fast ohne Ausnahme ungewöhnlich reich an Windungen und tief in die Hochflächen von Ardennen und Gutland eingeschnitten. Auf schwer zugänglichen Felsbastionen thronen die Überreste mittelalterlicher Burgen, die einst die tief unter ihnen gelegenen natürlichen Verkehrsleitlinien überwachen und beherrschen konnten.

Am deutlichsten ist dieses Prinzip im Bereich des *Deutsch-Luxemburgischen Naturparks* ausgebildet, der sich beiderseits der Staatsgrenze erstreckt und die urtümlichsten Gebiete von Eifel und Ösling umfaßt. Mitten hindurch fließen die untere Sûre und ihr windungsreiches Nebenflüßchen Our. Am Rande gesellen sich die Weiße und die Schwarze Ernz hinzu. Der landschaftlich interessanteste Teil des Naturparks auf luxemburgischem Gebiet ist die sogenannte *Suisse Luxembourgeoise,* die Luxemburgische Schweiz, die – westlich von Echternach – den südlichsten Zipfel dieses abwechslungsreichen Erholungsgebiets einnimmt.

Wer nicht genügend Zeit hat, um den gesamten luxemburgischen Teil des Naturparks zu bereisen, sollte auf jeden Fall bestrebt sein, zumindest das Kernstück der ›Schweiz‹, das *Mullertal* genannte Tal der Schwarzen Ernz, zu besuchen. Das Flüßchen hat sich durch einen Riegel aus hartem Luxemburger Sandstein im wahrsten Sinn des Wortes ›hindurchgesägt‹, um sich einen Weg zur Sûre zu bahnen, in die es wenige Kilometer oberhalb von Echternach einmündet. Die tiefe und auch bei Tage sehr dunkle Schlucht (hier schaltet man am besten das Abblendlicht ein) wird beiderseits von bizarren Felswänden und -türmen überragt, deren obere Teile häufig als Überhänge über den tosenden Bachlauf der Ernz vorkragen. Die als »abris sous roches« bezeichneten Höhlungen in der Fußzone der angeschnittenen Felsen wurden bereits im Paläolithikum von Menschen als Behausungen genutzt.

Vier Routenvorschläge

Wer Luxemburg wirklich kennenlernen möchte, benötigt erheblich mehr Zeit, als man angesichts der geringen Flächenausdehnung des Landes annehmen könnte. Um alle im Hauptteil des Reiseführers vorgestellten Sehenswürdigkeiten zu besuchen, muß man immerhin vier bis fünf Tage lang mit dem Auto unterwegs sein und insgesamt fast 600 km zurücklegen. Außerdem kommen noch ein bis zwei Tage für die Besichtigung der Hauptstadt hinzu.

Im folgenden finden Sie vier interessante Autorundfahrten, die ohne Überschneidungen zu allen besprochenen Zielen führen. Wem dies zu ausführlich ist, der kann auch problemlos mehrere Teilstrecken verschiedener Rundfahrten aneinanderreihen und sich auf diese Weise seine eigene Tour durch das Land zusammenstellen. Empfehlenswert ist in jedem Fall der Kauf einer großmaßstäblichen Straßenkarte, denn es werden nur selten die großen Durchgangsstrecken benutzt. Geeignete Karten sind auf S. 206 vorgeschlagen.

1 Öslingrundfahrt

Start/Ziel: Vianden; Streckenlänge: ca. 165 km.

N 17 von *Vianden* (Burg, Trinitarierkirche) südwärts ins Tal der Sûre. Dort zunächst links nach *Bettendorf* (2 km; ehem. Wasserburg), anschließend zurück und sûreaufwärts nach *Diekirch* (Museum mit römischen Mosaiken, St. Laurentius-Kirche, Deiwelselter). Weiter entlang der Sûre nach *Erpeldange* (ehem. Schloß). 11 km hinter Erpeldange links bergauf nach *Bourscheid* (Burg) und anschließend wieder ins Sûretal nach *Esch* (Burg mit Kapelle). Über *Nothum* weiter nach *Wiltz* (Schloß) und *Niederwiltz* (Dekanatskirche St. Peter und Paul) sowie über Wilwerwiltz nach *Clervaux* (Burg, neuromanische Pfarrkirche und neuromanisches Benediktinerkloster). Vor Clervaux kurzer Halt in *Munshausen* (Dorfkirche mit Wandmalereien). Von Clervaux nordwärts über *Eselborn* und *Hoffelt* nach *Hachiville* (berühmter Schnitzaltar). Weiter über *Troisvierges* (ehem. Franziskanerkirche; Schnitzfiguren) und *Holler* (Kirche mit Fresken) nach *Lieler* (Kirche mit Gemälde »Jüngstes Gericht«). Zurück zur N 7 und südwärts in Richtung *Diekirch*. Nach 11 km links ab *(bei Hosingen)* nach *Obereisenbach* an der Our. Flußabwärts und in *Stolzembourg* (Burg; Kirche mit Skulptur) rechts über *Putscheid* nach *Brandenbourg* (Burg). Von dort zurück nach Vianden.

1 Öslingrundfahrt

2 Gutland zwischen Sûre und Alzette

Start/Ziel: Echternach; Streckenlänge ca. 120 km.

Von *Echternach* (Basilika, Abtei, Kirche St. Peter und Paul, Dingstuhl, alte Brücke, Römervilla) 2 km saueraufwärts, dann links ab ins *Mullertal* (Ernz Noire, Kleine Luxemburgische Schweiz). 4 km hinter *Berdorf* kurzer Abstecher nach *Beaufort* (4 km; Burg). Zurück ins Ernztal und hinter dem Ort *Mullertal* rechts ab nach *Larochette* (Burg). Weiter auf der N 8 nach *Angelsberg* und dort südwärts nach *Fischbach* (Großherzogliches Schloß). Weiter in südlicher Richtung über *Altlinster* (Ernz Blanche) nach *Bourglinster* (Burg) und *Junglinster*

2 Gutland zwischen Sûre und Alzette

(Kirche mit schönen Grabmalen). Dann südostwärts nach *Rodenbourg, Olingen* und links nach *Betzdorf.* Vor *Wecker* rechts zur N 1. Auf dieser links in Richtung *Grevenmacher.* Nach 3 km, in *Potaschberg,* nach der Tankstelle rechts in eine schmale Straße zum *Grevenmacherberg* (römisches Grabdenkmal; Wegweiser »Monument Romain«). Weiter auf der N 1 und nach ca. 500 m rechts ab über *Oberdonven* nach *Ahn* an der Mosel. Links flußabwärts folgt *Grevenmacher.* Danach (Ortsende) Moseltal nach links verlassen und über *Manternach* nach *Lellig* (röm. Gräbergarten; liegt hinter Lellig links der Straße nach Wasserbillig). In *Wasserbillig* links ins Sûretal und flußaufwärts über *Girst* (romanische Kirche) nach *Echternach* zurück.

3 Westliches Gutland

Start/Ziel: Luxemburg-Stadt; Streckenlänge ca. 115 km.

N 7 nordwärts durch das Alzettetal nach *Steinsel* (römischer Tempel links der Hauptstraße). Weiter nach *Lintgen* und dort rechts ab nach *Schoenfels* (Burg). Von dort im Mamertal abwärts nach *Mersch* (Burg, römische Villa). Nächstes Ziel ist *Pettingen* (Burg). Von dort weiter alzetteabwärts nach *Berg* (Großherzogliches Residenzschloß). Anschließend nordwestlich (N 21) über *Mertzig, Grosbous* nach *Rindschleiden* (Kirche mit bekannten Malereien). Weiter in südwestlicher Richtung nach *Rambrouch,* dort südostwärts nach *Ospern* (schönes Maßwerk der Kirchenfenster). Auf der N 22 durch Atterttal nach *Useldange* und *Boevange-sur-Attert.* Hier rechts ab zum römischen Tumulus bei *Bill-Grevenknapp.* Über *Brouch* erreichen wir anschließend *Hollenfels* (Burg). Dann geht es hinunter ins Eischtal (Siebenschlössertal) nach *Kloster Marienthal.* Eischaufwärts folgen *Ansembourg* (Burg, Schloß), *Septfontaines* (Burg, Kirche) und *Koerich* (Schloßruine, Kirche). Östlicher Nachbarort ist *Goeblange* (römi-

3 Westliches Gutland

sche Villa). Anschließend über *Capellen* auf der Europastraße nach *Mamer* (3,5 km römische Badeanlage). 2 km hinter Mamer rechts ab über *Bertrange* (Altes und Neues Schloß) zurück nach *Luxemburg.*

4 Südliches Industrierevier und Moseltal
Start/Ziel: Luxemburg-Stadt; Streckenlänge ca. 180 km.

Von *Luxemburg* zunächst über *Merl* nach *Reckange-sur-Mess.* Dort rechts ab (B 13) und über *Bettange* zur N 5. Auf ihr links bis kurz vor *Petange,* dann links abbiegen nach *Differdange.* Unterwegs in *Niedercorn* Abstecher zum *Titelberg* (kelt. Oppidum mit Ringwall; römischer vicus). Anschließend durch *Differdange* auf der N 6. Außerhalb der Stadt dann links ab nach *Soleuvre* (Überreste der ältesten Burg) und dort rechts über *Ehlerange* nach *Mondercange* (Barockkirche von S. Mungenast). Weiter südwärts nach *Esch-sur-Alzette* und über *Rumelange* (Nationales Bergbaumuseum) nach *Dudelange.* Dort auf der N 6 nordwärts nach *Bettembourg* (Schloß). Rechts ab weiter nach *Frisange* (romanischer Kirchturm) und *Mondorf-les-Bains* (Barockkirche, Kurpark). Südostwärts folgt *Schengen* a. d. Mosel, im äußersten Südostzipfel des Landes. Von hier Fahrt durch das Moseltal über *Remerschen* (romanischer Kirchturm) nach *Remich* (romanischer Kirchturm) und *Stadtbredimus.* In *Ehnen* (Weinmuseum) geht es links ab nach *Lenningen* hinauf (romanische Kirche). Anschließend weiter über *Greiveldange* nach *Waldbredimus* (gotische Kirche). Südwestlicher Nachbarort ist *Dalheim* (ehem. römischer vicus; Ausgrabungen). Dann westwärts weiter über *Hassel* nach *Weiler-la-Tour* (alter Burgturm) und von dort zurück nach *Luxemburg* über *Hesperange* (Burg am Südostrand der Stadt).

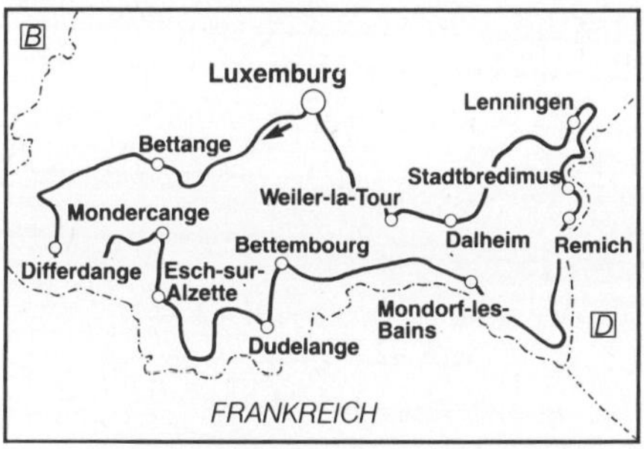

4 Südliches Industrierevier und Moseltal

Schiffsfahrten auf der Mosel
Zwischen Schengen und Wasserbillig verkehrt regelmäßig ein Fahrgastschiff. Auf diese Weise läßt sich die schöne Landschaft an der deutsch-luxemburgischen Grenze erkunden. Anlegestellen in: Wasserbillig, Grevenmacher, Machtum, Ahn, Wormeldange, Ehnen, Stadtbredimus, Remich, Bech-Kleinmacher, Schwebsingen und Schengen.

Kirchenbesichtigungen
Die Besichtigung von Kirchen kann in Luxemburg zum Problem werden, denn viele Gotteshäuser sind außerhalb der Gottesdienste abgeschlossen. Dies ist die Folge von mehreren Kirchendiebstählen, allen voran der Raub des Helzinger Schnitzaltars. Man kann sich jedoch zu normalen Tageszeiten den Schlüssel im Pfarrhaus gegen Vorlage des Personalausweises geben lassen. Eine Aufzählung derjenigen Kirchen, für deren Besuch kein Schlüssel benötigt wird, ist leider nicht möglich, da sich hier ständige Veränderungen ergeben. Mit Sicherheit frei zugänglich sind allerdings die Kathedrale in

Luxemburg-Stadt, die St.-Willibrordus-Basilika in Echternach, die Pfarrkirche in Hachiville (der Altar steht hinter einem Eisengitter) und die Trinitarierkirche in Vianden.

Öffnungszeiten von Museen, Burgen und Kirchen

Bock-Kasematten in Luxemburg
Vom 1. März bis zum 31. Oktober täglich von 10 bis 17 Uhr.

Pétrusse-Kasematten in Luxemburg
Ostern, Pfingsten, von Juli bis September. Die Besichtigungszeiten sind angeschlagen.

Historisches Modell der Festung Luxemburg im Ratskeller
Während der Saison montags bis samstags von 10 bis 19 Uhr. Dienstags geschlossen.

Museum J. P. Pescatore in Luxemburg
Städtische Bildergalerie, Villa Vauban. Täglich außer dienstags von 13 bis 18 Uhr. Samstags und sonntags von 9 bis 12 und 15 bis 19 Uhr.

Postmuseum in Luxemburg
Dienstags, donnerstags und samstags von 10 bis 12 Uhr und von 14 bis 17 Uhr.

Staatsmuseum in Luxemburg
Täglich, montags ausgenommen, von 10 bis 12 und von 13 bis 17 Uhr. Vom 1. November bis zum 15. März samstags morgens geschlossen.

Schloß in Beaufort
Vom 1. April bis Mitte Oktober von 9 bis 18 Uhr.

Folklore- und Weinmuseum A. Possen in Bech-Kleinmacher
Von Mai bis Oktober, täglich außer montags von 15 bis 19 Uhr.

Schloß in Bourscheid
Vom 1. März bis zum 30. September von 10 bis 19 Uhr.

Schloß in Clervaux
Von Pfingsten bis Mitte September, in den Oster- und Weihnachtsferien täglich von 10 bis 17 Uhr. Von Mitte September bis Pfingsten, ausgenommen Januar und Februar, sonn- und feiertags von 13 bis 17 Uhr.

Städtisches Museum in Diekirch
Von Mai bis Oktober täglich von 9 bis 12 und von 14 bis 18 Uhr.

St.-Laurentius-Kirche in Diekirch
Von Mai bis Oktober täglich von 10 bis 12 Uhr und von 15 bis 17 Uhr.

Geschichtsmuseum in Diekirch
April bis September sonntags bis freitags 14 bis 18 Uhr. Juni bis August auch 10 bis 12 Uhr. Oktober bis März nur sonntags 14 bis 18 Uhr.

Weinmuseum in Ehnen
Vom 1. Juni bis zum 31. Oktober täglich außer montags von 9.30 bis 11.30 und 14 bis 17 Uhr. Im November, Dezember, Februar, März nach Übereinkunft, ✆ 76026.

Schloß in Larochette
Von Ostern bis zum 30. September von 11 bis 19 Uhr.

Römisches Museum in Mersch
Ganzjährig geöffnet. Man wende sich an: 1a, rue des Romains oder, falls dort niemand anwesend ist, an die Gemeindeverwaltung.

Töpfereimuseum in Nospelt
Ostern und vom 1. Juli bis zum 31. August täglich außer montags von 14 bis 18 Uhr.

AMTF »Train 1900«, Rodange
Vom 1. Mai bis 30. September fährt sonntags und feiertags ein historischer Dampfzug von Rodange durch Südluxemburg. Auskunft erteilt: AMTF, 5, rue Pasteur in Strassen, ✆ 319069.

Grubenmuseum in Rumelange
Von Ostern bis zum 31. Oktober täglich von 14 bis 18 Uhr (um 17 Uhr letzte geführte Besichtigung). Vom 1. November bis Ostern am 2. Samstag und Sonntag eines jeden Monats von 14 bis 18 Uhr und auf Verabredung ✆ 565471.

Bei Gruppen wird um Anmeldung gebeten.

Folkloremuseum in Vianden
Vom 1. April bis zum 13. Oktober täglich von 10 bis 12 und 14 bis 18 Uhr.

Pumpspeicherwerk Vianden
Täglich zugänglich von 9–17 Uhr. Führungen und Anfragen bei der Société Electrique de l'Our in Vianden.

Schloß in Vianden
Täglich im April von 10 bis 17, vom Mai bis zum August von 9 bis 19, im September von 9 bis 18, im Oktober von 10 bis 16, vom November täglich 11 bis 16 Uhr, samstags, sonntags von 10 bis 16.30 Uhr, von Dezember bis März samstags, sonntags von 10 bis 16.30 Uhr.

Victor Hugo-Museum in Vianden
Vom 1. April bis 1. November täglich 9.30 bis 12 und 14 bis 18 Uhr.

Museum der ›Schlacht der Ardennen‹ in Wiltz
Während der Osterferien von 14 bis 17 Uhr. Vom 15. Juni bis zum 15. September täglich von 10 bis 12 und von 13 bis 17 Uhr.

Feste und Veranstaltungen

Fastnachtssonntag	Fastnachtsumzug in *Diekirch*
Ostermontag	›Eimaischen‹, Verkauf von Töpfereien, altes Volksfest in *Luxemburg* und *Nospelt*
Donnerstag nach Ostern	Weinmarkt in *Grevenmacher*
1. Mai	›Pröbeltag‹ der Genossenschaftskellereien
Pfingsten	Antiquitätenmesse in *Wiltz*
Pfingstmontag	Ginsterfest in *Wiltz* mit Umzug
Pfingstdienstag, 9 Uhr	Springprozession in *Echternach*
Donnerstag nach Pfingsten	Weinmarkt in *Wormeldange*
2. Hälfte Mai	Internationale Messe in *Luxemburg*
15. Juni–15. Juli	Internationales Festival klassischer Musik in *Echternach*
Juli	Theater in den Kasematten in *Luxemburg*
Juli/August	Töpferei- und Keramikausstellung in *Nospelt*
Juli-Anf. August	Internationale Freilichtspiele in *Wiltz*
3. Sonntag i. Juli	Bierfest in *Diekirch*
1. Sonntag i. August	Antiquitäten-Markt in *Nospelt*

2. Wochenende i. August	Wein- und Winzerfest in *Stadtbredimus*
Sonntag nach dem 15. August	Muttergottesprozession in *Girsterklaus (Rosport)*
Ende August	›Schobermesse‹, Jahreskirmes in *Luxemburg*
1. Sonntag i. Sept.	Weinfest in *Schwebsingen*
2. Wochenende i. Sept.	Wein- und Traubenfest in *Grevenmacher*
1. Hälfte Oktober	Internationale Messe in *Luxemburg*
2. Sonntag i. Okt.	Nußmarkt in *Vianden*
20.–24. Dezember	Antiquitätenmesse in *Luxemburg*

Echternacher Springprozession

Die Echternacher Springprozession findet jährlich am Pfingstdienstag statt. Über ihren Ursprung besteht keine eindeutige Klarheit. Eine erste Beschreibung der Prozession stammt aus dem 16. Jahrhundert. Damals gab es Springprozessionen noch in Gemeinden zwischen Maas und Mosel, vor allem in der Pfarrei Waxweiler bei Bitburg und in Prüm in der Eifel. Der hl. Willibrod wurde als Nothelfer bei Krampfanfällen, Nerven- und Kinderkrankheiten angerufen. Vermutlich geht die Springprozession auf diese Sitte zurück.

Das Zeremoniell geht in Echternach folgendermaßen vor sich: Zunächst hält der Landesbischof auf der Prälatentreppe im Abteihof eine einleitende Predigt. Anschließend formiert sich die Prozession, geführt von der Geistlichkeit. Ihr folgen Sänger, Springer und Beter. Die ausschließlich aus Männern zusammengesetzte Sängergruppe wiederholt immerfort den Ruf: »Heiliger Willibrord, bitt für uns«, musikalisch begleitet von mehreren Geigergruppen. Dem Rhythmus dieser eintönigen Melodie folgen hüpfend und springend mehrere Gruppen von Männern, Frauen und Kindern, die sich gegenseitig an ihren Taschentüchern festhalten. Durch ein Spalier von Zuschauern bewegt sich dieser merkwürdige Prozessionszug durch die Straßen der Stadt zur Basilika, in deren Krypta (am Grab des hl. Willibrord) er sich wieder auflöst.

Weinbau in Luxemburg

Die meisten Besucher des Großherzogtums wissen, daß Luxemburg auch ein Weinerzeuger- und Weintrinkerland ist. Der Anbau beschränkt sich auf das Moseltal zwischen Schengen und Wasserbillig, dessen geschützte Hänge die notwendigen klimatischen Voraussetzungen bieten. Kleinere Reblandparzellen findet man außerdem im unteren Sûretal. Die Anbaufläche beträgt rund 1400 ha. Der durchschnittliche Jahresertrag beläuft sich auf 140000 Hektoliter. Davon wurden etwa 40 % exportiert. Erstaunlich hoch ist der jährliche Pro-Kopf-Verbrauch der Luxemburger. Sie trinken im Durchschnitt immerhin etwa 50 Liter Wein. Der bundesdeutsche Vergleichswert beträgt dagegen weniger als die Hälfte!

Die Luxemburger Moselweine können als frisch und fruchtig, rassig und herzhaft charakterisiert werden. Sie sind im allgemeinen durchgegoren und deshalb trockener als die deutschen Moselweine. Ihr Alkoholgehalt schwankt zwischen 10 % und 11,5 %, und im Säuregehalt liegen sie relativ hoch.

Beliebt als offener Schankwein der Einheimischen ist der *Elbling*. Qualitätsweine, zum Teil bedeutende Gewächse, machen in etwa 70 % der gesamten Produktion aus.

Den Löwenanteil von fast 50 % behauptet der *Rivaner*, in Deutschland bekannter unter dem Namen Müller-Thurgau, gefolgt von *Riesling*, *Auxerrois*, *Weißem Burgunder*, *Ruländer* und *Gewürz-Traminer*. Es gibt in Luxemburg ungefähr 1000 Weinbaubetriebe, deren Traubenernte zu mehr als zwei Dritteln in sechs Kellereigenossenschaften ausgebaut und auch vermarktet wird. Die Dachorganisation nennt sich *Vins Moselle*. Das Qualitätsprüfungsamt verleiht drei Prädikate, die auf dem Etikett jeweils zusammen mit der Rebsorte aufgeführt sind. Die Qualitätsstufen heißen: *Vin classé*, *Premier crû* und *Grand premier crû*.

Luxemburger Weinstraße (La Route du Vin)

Sie führt von Schengen im südlichen Moseltal oder vom Staatsbad Mondorf-les-Bains bis Wasserbillig, wo Mosel und Sûre zusammenfließen vorbei an allen bekannten Weinbauorten und Kellereien.

Weinrundgänge

werden von der *Vinsmoselle* organisiert. Hierzu gehört entweder der 4 km lange Weinbaulehrpfad (Tafeln und Faltblatt) in den Weinbergen von Wormeldange, auf dem man sich mit den Arbeiten an der Rebe vertraut machen kann, oder eine Wanderung durch das Rebland von Wellenstein mit Besichtigung der Genossenschaftskellerei Wellenstein, Schiffsfahrt auf der Mosel und Weinprobe im Schloß von Stadtbredimus.
Auskünfte erteilt:
Vinsmoselle, Schloß Stadtbredimus, Postfach 40, Remich, ✆ 69 83 14.

Besichtigung der Genossenschaftskellereien in:

Greiveldange, Remerschen und Stadtbredimus nach Vereinbarung. In Grevenmacher und Wellenstein vom 1. 5. bis 31. 8. täglich 9 bis 11 und 13 bis 16 Uhr. Während der übrigen Monate nach Vereinbarung. In Wormeldange vom 1. 4. bis 31. 10. täglich 9.30 bis 11.30 Uhr und 13.30 bis 17 Uhr.

Hotels und gastronomische Spezialitäten

Das luxemburgische Hotel- und Gaststättengewerbe ist sehr hoch entwickelt. Die Qualität des Angebotes kann sämtlichen Ansprüchen gerecht werden. Selbstverständlich ist überall im Land eine vorzügliche Küche, die sich eng an die französische anlehnt. Als **luxemburgische Spezialitäten** gelten gekochter oder roher Ardenner Schinken, Blutwurst mit Kartoffelpüree und Rettich, Kutteln nach Luxemburger Art, geräuchertes Schweinefleisch mit Bohnen, Spanferkel in Gelee, Kalbsleberklößchen mit Sauerkraut und Kartoffeln sowie während der Zeit vom 1. April bis zum 30. September fangfrische Forellen und diverse Arten von Krebsen. »Verworrene Gedanken« heißt ein Gebäck, das es nur zur Fastnachtszeit gibt. Luxemburger Schokoladepralinen, ein köstliches Feingebäck, sind dagegen zu jeder Jahreszeit zu haben.

Reiseandenken

Wer sich eine Erinnerung an seine Luxemburgreise mit nach Hause nehmen möchte, hat es nicht ganz leicht, etwas typisch Luxemburgisches zu finden. Beliebte Mitbringsel sind die gußeisernen Miniatur-Kaminplatten, die von der *Fonderie Mersch* hergestellt werden. Sie sind mit Burgen, Schlössern, Wappen und anderen Motiven verziert und heißen auf Luxemburgisch *Tâk*. Hübsch sind auch Porzellan- und Steingutwaren, speziell die bekannten Dekorteller mit Landschaftsbildern des Großherzogtums, sowie Getränke jeder Art.

Bibliographie

Arendt, Charles *Das Luxemburger Land,* Luxemburg 1903
L'Art au Luxembourg. Luxemburg 1966
Beutler, Christian *Die Entstehung des Altaraufsatzes. Studien zum Grab Willibrords in Echternach.* München 1978
Hambloch, H. *Die Benelux-Staaten, eine geographische Länderkunde.* Darmstadt 1977
Hémecht, 30. Jhrg., Heft 1 und Heft 3. Luxemburg 1978
Koltz, J. P. *Les chateux historiques du Luxembourg.* Luxemburg 1975.
Kompass-Wanderführer Luxemburg, Stuttgart o. J. (wird alle 2 Jahre neu aufgelegt)
Kuhn, H. und Koltz, J. P. *Burgen und Schlösser in Lothringen und Luxemburg.* Frankfurt/M. 1964
Margue Paul *Luxemburg in Mittelalter und Neuzeit.* Luxemburg 1978
Ternes, Charles-Maria *Répertoire archéologique du Grand-Duché du Luxembourg.* Brüssel 1970
– *Das Römische Luxemburg.* Stuttgart 1974.
Thill, Gérard *Vor- und Frühgeschichte Luxemburgs.* Luxemburg 1977, 1987
Schmit, Guy und Wiese, Bernd *Luxemburg 1981 in Karte ud Luftbild.* Luxemburg 1981
Veit, Manfred *Luxemburg, Kultur der Nationen.* Heroldsberg 1979

Karten

Amtliche topographische Karte (mit Wanderwegen), 1:25000, Landesvermessungsamt Luxemburg
Archäologische Karte des Großherzogtums (mit Erläuterungsheften), 1:20000, Landesvermessungsamt Luxemburg und Staatsmuseum
Grand-Duché de Luxembourg, 1:200000, Michelin ›Benelux‹ Blatt 8
Großherzogtum Luxemburg mit Stadtplänen, 1:100000, Falk
Großherzogtum Luxemburg, Touristenkarte, 1:100000, Landesvermessungsamt Luxemburg

Abbildungsnachweis

Fridmar Damm, Köln Farbabb. 11
Wolfgang Fritz, Köln Abb. 20
Germanisches Nationalmuseum, Nürnberg Abb. 42, Abb. S. 45
A. Herold, Gerbrunn Farbabb. 32
Bildverlag Merten, Saarburg Umschlagvorderseite, Farbabb. 4, 7, 10, 13–15, 23, 28, 29, 31, 33, 39, 40
Musée de l'Etat, Luxemburg Farbabb. 16–20; Abb. 43, 44, 58
Office National de Tourisme, Luxemburg Abb. 42, 51
Rheinisches Landesmuseum, Trier Abb. 60, Abb. S. 27
Heinz Schmitz, Köln Farbabb. 1, 6, 25–27, 30, 36; Abb. 1, 3, 5–15, 17–19, 21–24, 26, 27, 30–35, 37, 39–41, 46, 48–50, 52, 61–70, 73–76, 78, 80
Marcel Schroeder, Luxemburg Abb. 25 und sämtliche Stiche aus der Bibliothèque Nationale
Erika Tevesen, Köln vord. Innenklappe, Farbabb. 35
Zefa, Düsseldorf Umschlagrückseite
Alle übrigen Vorlagen stammen vom Autor
Die Holzschnitte und Holzstiche von Barbere sind entnommen aus:
H. H. Witkamp *Geschidenis der zeventien Nederlanden.* Amsterdam 1880
Die Zeichnungen von Gérard Till stammen aus:
Vor- und Frühgeschichte Luxemburgs. Luxemburg 1977, 1987

Autor und Verlag danken Herrn Gérard Thill vom Musée de l'Etat, Herrn Emil van der Vekene von der Bibliothèque Nationale in Luxemburg und Herrn Bürgermeister Wiget von der Vereinigung Ricciacus-Frenn in Dalheim für ihre Unterstützung und das zur Verfügung gestellte Abbildungsmaterial.

Register

(Die Hauptverweise sind kursiv gesetzt)

Orte

Namen

(Regierungszeiten der Fürsten in Klammern)

Raum für Reisenotizen

DuMont Kunst-Reiseführer

»Kunst- und kulturgeschichtlich Interessierten sind die DuMont Kunst-Reiseführer unentbehrliche Reisebegleiter geworden. Denn sie vermitteln, Text und Bild meist trefflich kombiniert, fundierte Einführungen in Geschichte und Kultur der jeweiligen Länder oder Städte, und sie erweisen sich gleichzeitig als praktische Führer.« *Süddeutsche Zeitung*

Alle Titel in dieser Reihe:

- Ägypten und Sinai
  - Entdeckungsreisen in Ägypten 1815–1819
- Algerien
- Arabien
  - Entdeckungsreisen in Südarabien
- Belgien
  - Die Ardennen
- Bhutan
- Brasilien
- Bulgarien
- Bundesrepublik Deutschland
  - Das Allgäu
  - Das Bergische Land
  - Bodensee und Oberschwaben
  - Bonn
  - Bremen, Bremerhaven und das nördliche Niedersachsen
  - Düsseldorf
  - Die Eifel
  - Franken
  - Hannover und das südliche Niedersachsen
  - Hessen
  - Hunsrück und Naheland
  - Köln
  - Kölns romanische Kirchen
  - Die Mosel
  - München
  - Münster und das Münsterland
  - Zwischen Neckar und Donau
  - Oberbayern
  - Oberpfalz, Bayerischer Wald, Niederbayern
  - Ostfriesland
  - Die Pfalz
  - Der Rhein von Mainz bis Köln
  - Das Ruhrgebiet
  - Sauerland
  - Schleswig-Holstein
  - Der Schwarzwald und das Oberrheinland
  - Sylt, Helgoland, Amrum, Föhr
  - Der Westerwald
  - Östliches Westfalen
  - Württemberg-Hohenzollern
- Volksrepublik China
- DDR
- Dänemark
- Frankreich
  - Auvergne und Zentralmassiv
  - Die Bretagne
  - Burgund
  - Côte d'Azur
  - Das Elsaß
  - Frankreich für Pferdefreunde
  - Frankreichs gotische Kathedralen
  - Romanische Kunst in Frankreich
  - Korsika
  - Languedoc-Roussillon
  - Das Tal der Loire
  - Lothringen
  - Die Normandie
  - Paris und die Ile de France
  - Führer Musée d'Orsay, Paris
  - Périgord und Atlantikküste
  - Das Poitou
  - Die Provence
  - Drei Jahrtausende Provence
  - Licht der Provence
  - Savoyen
  - Südwest-Frankreich
- Griechenland
  - Hellas
  - Athen
  - Die griechischen Inseln
  - Alte Kirchen und Klöster Griechenlands
  - Tempel und Stätten der Götter Griechenlands
  - Korfu
  - Kreta
  - Rhodos
- Großbritannien
  - Englische Kathedralen
  - Die Kanalinseln und die Insel Wight
  - London
  - Die Orkney- und Shetland-Inseln (Juli '89)
  - Schottland
  - Süd-England
  - Wales
- Guatemala
- Holland
- Indien
  - Ladakh und Zanskar
- Indonesien
  - Bali
- Irland
- Island
- Israel
  - Das Heilige Land
- Italien
  - Apulien
  - Elba
  - Emilia-Romagna
  - Das etruskische Italien
  - Florenz
  - Gardasee, Verona, Trentino
  - Latium
  - Lombardei und Oberitalienische Seen
  - Die Marken
  - Ober-Italien
  - Die italienische Riviera
  - Von Pavia nach Rom
  - Rom – Ein Reisebegleiter
  - Rom in 1000 Bildern
  - Das antike Rom
  - Sardinien
  - Südtirol
  - Toscana
  - Umbrien
  - Venedig
  - Die Villen im Veneto
- Japan
  - Nippon
- Der Jemen
- Jordanien
- Jugoslawien
- Karibische Inseln
- Kenya
- Luxemburg
- Malaysia und Singapur
- Malta und Gozo
- Marokko
- Mexico
  - Mexiko auf neuen Wegen
- Namibia und Botswana
- Nepal
- Österreich
  - Burgenland
  - Kärnten und Steiermark
  - Salzburg, Salzkammergut, Oberösterreich
  - Tirol
  - Vorarlberg und Liechtenstein
  - Wien und Umgebung
- Pakistan
- Papua-Neuguinea
- Polen
- Portugal
  - Madeira
- Rumänien
- Die Sahara
- Sahel: Senegal, Mauretanien, Mali, Niger
- Die Schweiz
  - Tessin
  - Das Wallis
- Skandinavien
- Sowjetunion
  - Georgien und Armenien
  - Kunst in Rußland
  - Moskau und Leningrad
  - Sowjetischer Orient
- Spanien
  - Die Kanarischen Inseln
  - Katalonien
  - Mallorca – Menorca
  - Nordwestspanien
  - Spaniens Südosten – Die Levante
  - Südspanien für Pferdefreunde
- Sudan
- Südamerika
- Südkorea
- Syrien
- Thailand und Burma
- Tunesien
- USA – Der Südwesten
- Zypern

Alle Bände mit vielen, zum Teil farbigen Abbildungen; dazu Zeichnungen, Karten, Grundrisse, praktische Reisehinweise.

»Richtig reisen«

Ägypten
Algerische Sahara
Amsterdam
Arabische Halbinsel
Australien
Bahamas
Von Bangkok nach Bali
Belgien mit dem Rad
Berlin
Bornholm
»Richtig wandern«: Bretagne
Budapest
»Richtig wandern«: Burgund
Cuba
Elsaß
Ferner Osten
Finnland
Florida
Frankreich für Feinschmecker
Friaul – Triest – Venetien
Graz und die Steiermark
Griechenland
Delphi, Athen, Nord- und Mittelgriechenland, Inseln
Griechische Inseln
Großbritannien
Hawaii
Holland
Hongkong
Mit Macau und Kanton
Ibiza/Formentera
Indonesien
Irland
Istanbul
Jamaica
Kairo
Kalifornien
Kanada und Alaska
Ost-Kanada
West-Kanada und Alaska
Kreta
»Richtig wandern«: Kykladen
Lanzarote
London
Los Angeles
Madagaskar
Malediven
»Richtig wandern«: Mallorca
Marokko
Mauritius
Mexiko
Moskau
München
Neapel – Küsten und Inseln
Nepal
Neu-England
Neuseeland
New Orleans
und die Südstaaten Louisiana, Mississippi, Alabama, Tennessee, Georgia
New York
Norwegen
Ostafrika
Kenya und Tanzania mit Uganda, Rwanda und Burundi
Paris
Philippinen
Portugal
Réunion
»Richtig wandern«: Rhodos
Rom
San Francisco
»Richtig wandern«: Schottland
Schweden (Juli '89)
Die Schweiz und ihre Städte
Seychellen
Sinai und Rotes Meer
Sizilien
Spanien
Sri Lanka (Ceylon)
Südamerika 2
Argentinien, Chile, Uruguay, Paraguay
Südamerika 3
Brasilien, Venezuela, die Guayanas
»Richtig wandern«: Südtirol
Teneriffa
Texas
Thailand
Toscana
»Richtig wandern«: Toscana und Latium
Türkei
Tunesien
Venedig
Wallis
Wien
Zypern

Daniel Krasa

CITY|TRIP
TEL AVIV

Nicht verpassen!

Karte S. 3

2 **Rehov Meir Dizengoff [D6]**
Ob zum Bummeln, Shoppen, Spazieren oder Feiern, die lebendige Hauptgeschäftsstraße der Stadt ist rund um die Uhr einen Besuch wert (s. S. 61).

6 **Shuk HaKarmel [C8]**
Der beliebteste Markt Tel Avivs bietet ein Sammelsurium orientalischer Spezialitäten und es ist eine Freude, dem Treiben hier zuzusehen (s. S. 66).

7 **Tayelet und Tel Aviv Beaches [B6]**
Kaum irgendwo lässt sich so authentisch das Lebensgefühl der Stadt erleben wie entlang der Uferpromenade Tayelet und an den angrenzenden Stränden (s. S. 68).

9 **Sderot Rothschild [D9]**
Tel Avivs prächtige Allee lädt sowohl zum Spazieren als auch zum Verweilen ein (s. S. 71).

11 **Die Weiße Stadt [E9]**
Tel Avivs architektonisches Kleinod umfasst etwa 4000 Gebäude im Bauhausstil, die über die gesamte Stadt verteilt sind (s. S. 73).

12 **Neve Tsedek [C10]**
Die Einkaufsstraße des neu gestalteten Viertels, die Rehov Shalom Shabazi, ist der perfekte Ort zum Ausspannen, Souvenirjagen und Spazierengehen. Neben Geschäften und Boutiquen gibt es auch Cafés und Restaurants (s. S. 74).

18 **Tel Aviv Museum of Art [F5]**
Das bedeutendste Kunstmuseum Israels beherbergt eine einmalige Sammlung an Werken von herausragenden Künstlern des 20. Jahrhunderts (s. S. 81).

23 **Namal Tel Aviv [B2]**
Der ehemalige Hafen Tel Avivs ist nicht nur der perfekte Ort für Einkaufstouren und Nachtleben, sondern auch für Spaziergänge, Kneipenbesuche oder einfach nur für ein Sonnenbad (s. S. 86).

26 **Beit HaTfutsot [S. 144]**
Wo, wenn nicht im Diaspora-Museum, sollte man auf den Spuren des jüdischen Volkes wandeln? Man bekommt eine gute Einführung in Riten und Traditionen, in die Geschichte der Juden im Exil und ihre Rückkehr nach Israel (s. S. 90).

29 **Kikar Kedumim [A12]**
In Jaffa ist noch ein wenig von der Jahrtausende alten Stadtgeschichte zu spüren. Unter dem Kikar Kedumim führen Ausgrabungen den Besucher in eine längst vergessen geglaubte Zeit (s. S. 93).

Leichte Orientierung mit dem cleveren Nummernsystem

Die Sehenswürdigkeiten der Stadt sind zum schnellen Auffinden mit **fortlaufenden Nummern** versehen. Diese verweisen auf die ausführliche Beschreibung **im Kapitel „Tel Aviv entdecken“** und zeigen auch die genaue Lage **im Stadtplan.**

Inhalt

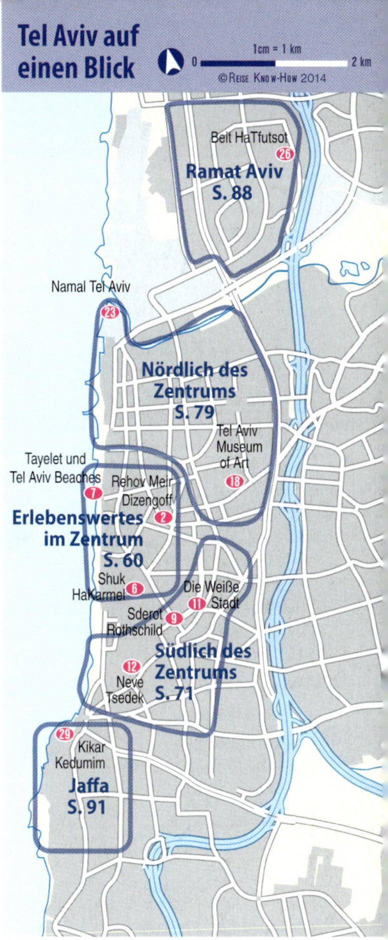

Voll im Leben – nach Partystimmung muss man in Tel Aviv nie lange suchen

Exkurse zwischendurch

Praktische Reisetipps 99

Anhang 127

Benutzungshinweise

Orientierungssystem

Eine **Liste der im Buch beschriebenen Örtlichkeiten** wie Sehenswürdigkeiten, Restaurants, Hotels, Cafés, Infostellen befindet sich auf Seite 139.

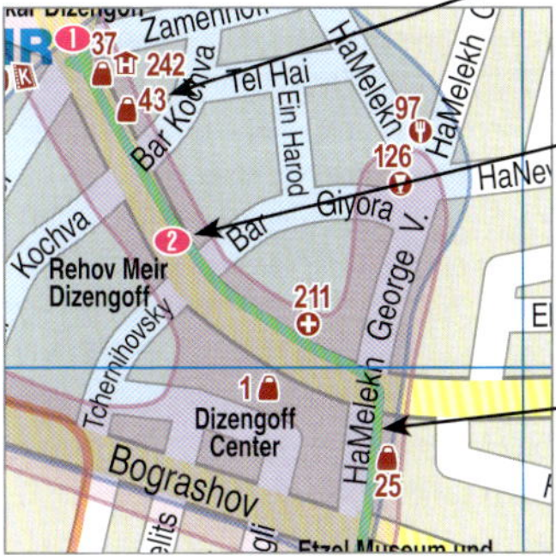

Zur schnelleren Orientierung tragen alle Hauptsehenswürdigkeiten und Lokalitäten sowohl im Text als auch im Kartenmaterial die gleiche Nummer:

43 Mit Symbol und fortlaufender Nummer werden die sonstigen Lokalitäten wie Cafés, Geschäfte, Hotels, Infostellen usw. gekennzeichnet.

2 Mit einer fortlaufenden magentafarbenen Nummer sind die Hauptsehenswürdigkeiten gekennzeichnet. Steht die Nummer im Fließtext, verweist sie auf die Beschreibung dieser Sehenswürdigkeit im Kapitel „Tel Aviv entdecken“.

› Die farbigen Linien markieren den Verlauf der Spaziergänge (s. S. 8 u. S. 13).

[D6] In eckigen Klammern steht das Planquadrat im Kartenmaterial, in diesem Beispiel Planquadrat D6.

Ortsmarken ohne Angabe des Planquadrats liegen außerhalb unserer Karten. Sie können aber wie alle Örtlichkeiten in unseren speziellen Luftbildkarten auf der Produktseite dieses Buches unter www.reise-know-how.de oder direkt unter http://ct-telaviv14.reise-know-how.de lokalisiert werden.

Geografische Begriffe

Rehov (R.)	Straße
Sderot	Allee, Boulevard
Kikar	Platz
Derech	Hauptstraße, Weg
Retsif	Kai, Ufer, hier: Uferstraße
Namal	Hafen

Vorwahlen (s. S. 118)

- **Tel Aviv:** 03
- **Israel:** 00972
- **Deutschland:** 0049
- **Österreich:** 0043
- **Schweiz:** 0041

Bewertung der Sehenswürdigkeiten

★★★	auf keinen Fall verpassen
★★	besonders sehenswert
★	wichtige Sehenswürdigkeit für speziell interessierte Besucher

Bildnachweis

Die Kürzel an den Abbildungen stehen für folgende Fotografen, Firmen und Einrichtungen. Wir bedanken uns für die freundliche Abdruckgenehmigung.

Cover	Fotolia.com/ © Snezana Skundric
Seite 2	Dreamstime.com/ © Noamfein
ba	Benjamin Audour
dk	Daniel Krasa (der Autor)

Impressum

Daniel Krasa

CityTrip Tel Aviv

erschienen im
Reise Know-How Verlag Peter Rump GmbH,
Osnabrücker Str. 79, 33649 Bielefeld

2., neu bearbeitete und komplett aktualisierte Auflage 2014

ISBN 978-3-8317-2499-4
Printed in Germany

Dieses Buch ist erhältlich in jeder Buchhandlung Deutschlands, der Schweiz, Österreichs, Belgiens und der Niederlande. Bitte informieren Sie Ihren Buchhändler über folgende Bezugsadressen:

Deutschland: Prolit GmbH, Postfach 9, D-35461 Fernwald (Annerod) sowie alle Barsortimente
Schweiz: AVA Verlagsauslieferung AG, Postfach 27, CH-8910 Affoltern
Österreich: Mohr Morawa Buchvertrieb GmbH, Sulzengasse 2, A-1230 Wien
Niederlande, Belgien: Willems Adventure, www.willemsadventure.nl

Wer im Buchhandel kein Glück hat, bekommt unsere Bücher auch über unseren Büchershop im Internet:
www.reise-know-how.de

Herausgeber: Klaus Werner
Lektorat und Layout: amundo media GmbH
Karten: Ingenieurbüro B. Spachmüller, amundo media GmbH
Druck und Bindung: Media-Print, Paderborn
Fotos: siehe Bildnachweis S. 5
Anzeigenvertrieb: KV Kommunalverlag GmbH & Co. KG, Alte Landstraße 23, 85521 Ottobrunn, Tel. 089 928096-0, info@kommunal-verlag.de

Alle Informationen in diesem Buch sind vom Autor mit größter Sorgfalt gesammelt und vom Lektorat des Verlages gewissenhaft bearbeitet und überprüft worden.
Da inhaltliche und sachliche Fehler nicht ausgeschlossen werden können, erklärt der Verlag, dass alle Angaben im Sinne der Produkthaftung ohne Garantie erfolgen und dass Verlag wie Autor keinerlei Verantwortung und Haftung für inhaltliche und sachliche Fehler übernehmen.
Die Nennung von Firmen und ihren Produkten und ihre Reihenfolge sind als Beispiel ohne Wertung gegenüber anderen anzusehen. Qualitäts- und Quantitätsangaben sind rein subjektive Einschätzungen des Autors und dienen keinesfalls der Bewerbung von Firmen oder Produkten.

Wir freuen uns über Kritik, Kommentare und Verbesserungsvorschläge:
info@reise-know-how.de

Aktuelle Informationen nach Redaktionsschluss

Unter **www.reise-know-how.de** werden aktuelle Ergänzungen und Änderungen der Autoren und Leser zum vorliegenden Buch bereitgestellt. Sie sind auch in der **Gratis-App** zum Buch abrufbar.